中国名镇志文化工程
Culture Project of Local Records of China's Famous Towns
中 国 名 镇 志 丛 书

冉庄镇志

LOCAL RECORDS OF RANZHUANG

河北省保定市清苑区冉庄镇志编纂委员会　编

方志出版社
Publishing House of Local Records

图书在版编目（CIP）数据

冉庄镇志 / 河北省保定市清苑区冉庄镇志编纂委员会编. — 北京：方志出版社，2023.8

（中国名镇志丛书）

ISBN 978-7-5144-5133-7

Ⅰ. ①冉…　Ⅱ. ①河…　Ⅲ. ①乡镇—地方志—保定　Ⅳ. ① K292.25

中国版本图书馆 CIP 数据核字（2022）第 058156 号

责任编辑：王品
责任校对：刘玉霞
责任印制：赵楚
出 版 者：方志出版社
地　　址：北京市朝阳区潘家园东里 9 号（国家方志馆 4 层）
邮　　编：100021
网　　址：http://www.zgfzcb.cn
发　　行：方志出版社图书营销中心（010-67110500）
印　　刷：北京中科印刷有限公司
开　　本：787 毫米 ×1092 毫米　1/16
印　　张：15.5
字　　数：287 千字
版　　次：2023 年 8 月第 1 版
印　　次：2023 年 8 月第 1 次印刷
定　　价：125.00 元

序一

习近平总书记指出："不忘历史才能开辟未来，善于继承才能善于创新……只有坚持从历史走向未来，从延续民族文化血脉中开拓前进，我们才能做好今天的事业。"中国优秀传统文化是在漫长的历史长河中历经无数次涤荡和沉淀而形成的思想精髓，蕴藏着无穷的宝藏和无尽的力量。发掘和继承优秀传统文化，是延续中华文明"根"与"魂"的必由之路。与时俱进，推动传统文化不断开拓创新，是中华文明常葆勃勃生机的重要保证。

"国有史，邑有志。"编修地方志是中国特有的文化现象，是中华民族的优秀文化传统。数千年来，连绵不断的志书编修为保护中华民族根脉，传承中华文明发挥了不可替代的作用。中国现存古志有8000余种，占现存古籍的十分之一。中华人民共和国成立以来，编修完成数万种省、市、县三级综合性行政区域志、部门志、行业志、专志等，编纂数万种地方综合年鉴、行业年鉴和专门年鉴等，整理出版数千种历代方志及相关研究成果，发表相当数量的方志理论与年鉴理论研究成果。这既是对我国国情、地情持续开展的大规模普遍调查，也是对各地自然与社会发展状况进行的综合研究，其成果构成了一座丰富的文化资源宝藏，为各级领导科学决策提供了重要参考，为推动经济社会发展和文化建设发挥了重要作用。

当前，中国特色社会主义进入新时代，全国地方志事业也进入新时代。如今的地方志事业围绕党和国家利益、经济社会发展，以人民为中心开拓创新，志、鉴、馆、史"四驾马车"并驾齐驱，志、鉴、馆、网、库、用、会、刊、研、史"十业并举"，加快实现在全国范围内全面推进地方志从一项工作向一项事业转型升级。在党中央、国务院的亲切关怀和各级地方志工作者的共同努力下，一批紧密结合社会发展需求、具有独特创造性的工作逐步开展，涵盖中国名镇志、中国名村志、中国名山志、中国名水志、中国名街志等"名志"系列文化工程是其中代表。作为首个"名志"系列文化工程的中国名镇志文化工程，启动于2015年，至今已是第三个年头。中国名镇志丛书在记述主体上，选择中国历史文化名镇、经济强镇、特色镇等在全国具有影响力和代表性的乡镇，旨在全面展示中国名镇的文化精髓；在内容题材选择上，重在突出不同名镇的“名”和“特”，力求集中体现不同名镇最精彩的部分，增强可读性；在志书编纂程序设置方面，志书申报、篇目设计、专家审读、专家组验收等流程环环相扣，紧密结合，力争把每一部志书都打造成精品佳志。

习近平总书记指出：“历史和现实都表明，一个抛弃了或者背叛了自己历史文化的民族，不仅不可能发展起来，而且很可能上演一场历史悲剧。”2018 年是改革开放 40 周年，40 年来中华大地发生了翻天覆地的变化，乡镇发生了极为深刻的改变，从粗茶淡饭到有机食品，从粗布衣裙到精美时装，从土屋平房到高楼大厦，人民生活水平大大提高，城乡差距不断缩小。然而，在感受辉煌成就的同时，我们也应该看到，许多精巧的古建、精湛的工艺、亲切的乡音、独特的乡俗也在快节奏的发展中与我们渐行渐远，曾经的家乡正逐渐变为记忆中的故园。

党的十九大报告提出乡村振兴战略，此后党中央、国务院又推出一系列重大举措。实施乡村振兴战略，必须全面加强乡村文化建设，培养乡村文化自信，培植文化之“根”，铸牢文化之“魂”。没有乡村文化的高度自信，没有乡村文化的繁荣发展，就难以实现乡村振兴的伟大使命。振兴乡村文化，既要塑形，更要铸魂，必须遵循乡村发展的客观规律，在发展中把文化的精髓保留下来，把乡土味道、乡村风貌的“魂”传承下去。在保留优秀乡村文化内核的基础上，用现代表现方式，把反映时代精神、先进理念的内容通过群众喜闻乐见的文化产品表达出来，才能够让乡土文化具有更强大的生命力。用创新性的模式书写乡镇志，传承和抢救乡土历史文化，激发爱国爱乡情怀，为探索中国特色新型城镇化发展经验、发展模式、发展道路提供历史智慧和现实借鉴，正是实施中国名镇志文化工程的目的和意义所在。

“月是故乡明”。中国人素有“家国情怀”，家乡的山水是最为美丽的，家乡的风俗是充满温暖的，一声亲切的乡音，一口熟悉的家乡菜，都能拨动游子的心弦，让其魂牵梦萦。中国名镇志丛书是一套全面梳理中国名镇历史人文，挖掘文化特色，突出“名”和“特”的镇志。它能让人民群众深刻感受到本土本乡自然的优美、历史的醇厚、人物的杰出、艺文的风雅等，有助于培养人民群众对家乡文化的自信，激发起人民群众浓烈的爱乡爱国情怀，助力国家新型城镇化建设和乡村振兴战略的实施。

是为序。

中国社会科学院原院长
中国地方志指导小组原组长　谢伏瞻

序二

连绵不断地编修地方志是我国特有的文化传统，为传承中华文明作出了巨大的贡献。在党中央、国务院的高度重视和支持下，这一古老的文化传统焕发勃勃生机，展现新的活力，成为保存、继承、发扬光大中华优秀传统文化的重要依托，培育和践行社会主义核心价值观的重要媒介，社会主义先进文化建设的重要组成部分，发展中国特色社会主义，增强道路自信、制度自信、理论自信的重要载体，在实现“两个一百年”奋斗目标和中华民族伟大复兴中国梦进程中具有不可替代的地位和作用。

事物总是在不断发展中前进。经过改革开放以来30余年的发展，中国特色地方志事业与传统的编修地方志已不可同日而语，形成了志（志书）、鉴（年鉴）、库（地情数据库）、馆（方志馆）、网（地情网站）、刊（期刊）、会（学会）、研（理论研究）、用（开发利用）等多业并举的新格局。截至2015年10月底，全国编纂完成首轮、二轮省、市、县志书8000多种，编修部门志、行业志、专业志、乡镇村志27000多种，编纂地方综合年鉴2300多种，累计整理旧志2500多种，还编纂出版了大量的地情书，字数以百亿计，形成以反映国情、地情为主要内容，全面系统、持续不断、卷帙浩繁的社会科学成果群。另外，还开通了27个省级网站、230个市级网站、816个县级网站；建成国家方志馆1个、省级方志馆16个、市级方志馆86个、县级方志馆近300个。这些成果，成为国家极为重要的文化资源，是国家文化软实力和公共文化服务体系的重要组成部分。

最近几年，地方志工作的触角在不断延伸，部门志、行业志、专业志、特色志、乡镇村志编纂方兴未艾，成为当前地方志事业发展新的增长点和亮点。特别是乡镇志，兴起了编纂热潮，从自发的民间行为逐渐过渡为政府组织的文化行为，有的省份以政府令形式将其纳入地方志编修范畴，像河南省还以省政府办公厅名义要求全省普修乡镇志。乡镇志并不是一个新生事物，据现有资料可考，宋代常棠所撰《澉水志》是现存最早的一部乡镇志。与省、市、县三级志书相比，乡镇志虽属小志，但意义却不小，特别是在当前国家全力推进新型城镇化建设的背景下，乡镇志的作用更显重要。

启动中国名镇志文化工程，是适应当前新型城镇化建设形势发展需要、地方志事业发展形势需要的重要举措，也是充分发挥地方志存史、资政、育人功能的重要手段。作为最基层行政组织的志书，镇志是最接近中国社会发展变迁的国情、地情记录文本，具有重要的历史文献价值。而作为充分反映本区域自然、政治、经济、文化和社会的历史与现状的资料性文献，镇志又能全面展示发展脉络，摸索发展经验，为探索中国乡镇未来发展方向提供借鉴和参考。当然，对于祖祖辈辈生于斯长于斯的中国人来说，故乡就是一个魂牵梦萦的地方，故乡的情怀终生难忘。留得住乡愁，记得住乡思，充分展示名镇文化魅力，激发爱乡、爱国情怀，正是中国名镇志文化工程题中应有之义。

是为序。

中国社会科学院原院长
中国地方志指导小组原组长　王伟光

序三

“国有史，邑有志”，中国自古就有注重编史修志的传统。按照我国目前地方志行政法规，国家各级地方志机构的法定职责是编纂省、市、县三级志书，并不包括县以下的乡镇志和村志。这种规定，一方面可能因为全国有数百万自然村落和数万乡镇，全部实行官修很难实现；另一方面可能因为我国历史上就有“皇权止于县”的说法，县以下的民间社会历来是一个以自治为主的领域。然而，改革开放几十年来，我国社会正在发生巨变，这种巨变在基层社会的乡镇、村落、家庭领域更为深刻。作为“乡之首，城之尾”的镇，逐渐被日益崛起的大都市淹没了光彩，村落在快速的城镇化过程中每天都在大量消失，农村家庭的小型化、空巢化趋势非常突出。在这种情况下，我一直在思考，如何留得住历史文化记忆和乡愁，如何把修志的工作向基层社会延伸？

中国人的“家国情怀”，是从“诚意、正心、修身”开始，到实现“齐家、治国、平天下”。所以从国家一统志，省、市、县三级志，到乡镇志、村志、家谱，也是一个完整的系统。

正是在这种背景下，我们决定启动中国名镇志文化工程。乡镇是无数中国人生命的底色和成长的摇篮。如何在城镇化进程中，留得住乡愁，记得住乡音，忘不了乡思，事关城镇化进程的人文关怀和文化保护，事关文化血脉的传承。同时，科学记录城镇化进程，反映城镇化成就，也为今后探索城镇化发展规律、积累经验提供了基本素材。作为全面系统记述一定行政区域的自然、政治、经济、文化和社会的资料性文献，志书是以上功能最好的载体。

我国目前有 4 万多个乡镇，全部修乡镇志还不具备条件。中国名镇志丛书选择的是传统文化名镇、历史军事重镇、革命历史名镇、民族特色名镇、特色经济名镇、旅游景观名镇等类型的乡镇，应该是最具代表性的，在中国乡镇文化传承和社会发展中具有标杆意义。

编纂中国名镇志丛书是对乡土历史文化的保护。随着城镇化进程加快，有不少乡镇被撤并，有些还是在历史上有重要意义的历史文化名镇、特色镇等。如不及时对其历史进行整理、记录，这些重要的历史资料将散佚殆尽。因此，中国名镇志丛书的编纂是对宝贵历史资料的抢救。

编纂中国名镇志丛书是对乡土意识的传承。什么东西有魅力？故乡的山水，乡音乡情的记忆，乡土的气息和家乡菜的味道，不管走到哪里，总是触动心弦。中国名镇志丛书记录的是家乡的山山水水，家乡的历史文化，家乡的风土人情，留住的是乡愁。这些最能激发远方游子和本地民众的爱乡情怀、爱国情怀。

编纂中国名镇志丛书是一种学术探索。镇志的编纂，实质也是一次深入的社会调查研究。“麻雀虽小五脏俱全”，相比省、市、县，乡镇第一手资料的获得需要付出更大的努力。我们也希望在志书编纂上有所创新，使中国名镇志丛书成为一套图文并茂、雅俗共赏的新型志书。

中国社会科学院原副院长
中国地方志指导小组原常务副组长

河北省保定市清苑区冉庄镇志编纂委员会

主　　任　第一届：崔建民　王　涛

　　　　　第二届：闫向阳　李英英

副 主 任　第一届：张东兵　韩拴宝　李志芳

　　　　　第二届：王文刚　王春雨　齐志国　组　刚　李嘉明　周明慧

省方志审稿专家　王广才　王　蕾　任丽英　赵俊丽　王慧卿　冯金生

市方志审稿专家　孙进柱　张积涛　赵　光

河北省保定市清苑区冉庄镇志编辑部

主　　编　高彦敏

副 主 编　李桂燕　刘三军　吴宪颖

执行主编　刘秋良

编　　辑　王惠新　王树林　王喜旺　易　磊　许　丹　刘　颖　李默然

编　　务　吕占杰　宋莲莲　张天恒　李　靖　刘　宇　张占刚　高洪英

图片提供　张锦绘　段颖辉　马　振

中国名镇志丛书凡例

一、以马克思列宁主义、毛泽东思想、邓小平理论、“三个代表”重要思想、科学发展观、习近平新时代中国特色社会主义思想为指导，坚持辩证唯物主义和历史唯物主义的立场、观点和方法，存真求实，全面、客观、系统记述中国名镇城镇化进程和改革开放成果，反映小康社会建设过程，传承和抢救乡土历史文化，激发爱国爱乡情怀，留住乡愁，为探索中国特色新型城镇化建设、服务乡村振兴战略提供历史智慧和现实借鉴。

二、为全面反映入志事物发展脉络，各志上限尽量追溯至事物发端，下限一般断至各志启动编修年份，个别重大事项可延至搁笔。详今明古，着重反映时代特色和地方特点，重点体现各镇的“名”与“特”。

三、记述地域范围以下限年份的行政辖区为主。为体现名镇在更大区域内的意义，可以从更开阔的区域视野记述与该镇相关的内容。

四、统一采用纲目体，设类目、分目、条目三个层次。横排门类，纵述史实，述而不论。

五、综合运用述、记、志、传、图、表、录等体裁，以志体为主。体裁运用适当创新，篇目设置不求面面俱到。

六、除引用文字和附录文献资料外，统一使用规范的现代语体文记述，行文力求朴实、严谨、简洁、流畅、优美，可读性强。

七、人物部类遵循“生不立传”原则，人物传主按生年排序，只选录对本镇发展有重大影响的人物，不面面俱到。

八、各项数据一般采用国家统计部门数据。数据缺乏的，采用主管部门或主办单位正式提供的数据。

九、数字用法、标点符号用法分别采用国家标准《出版物上数字用法》（GB/T 15835—2011）、《标点符号用法》（GB/T 15834—2011），计量单位采用国家技术监督局 1993 年 12 月发布的《量和单位》系列国家标准。历史上使用的计量单位，如斗、石、里、尺、磅、华氏度等，在引文时可照录。考虑到社会使用习惯，全书中亩不统一换算。

十、中华民国成立前的纪年，使用朝代年号纪年，括注公元年份；中华民国成立后的纪年，均使用公元纪年。志中所称“解放前（后）”，以该镇解放日为界；“新中国成立前（后）”，以中华人民共和国成立日 1949 年 10 月 1 日为界；“改革开放前（后）”，以 1978 年 12 月中共十一届三中全会召开为界。本志“× × 年代”，凡未加世纪者，均指 20 世纪。

十一、为节省篇幅，避免重复，本志采用条目互见法。参见条目的表示形式为：参见本志“× × 类目 · × × 分目 · × × 条目”。

十二、对旧志、古籍中的繁体字、冷僻字一般用简化字或通用字替换，易引起误解的则保留。

十三、记述各个历史时期的党派、机构、职务、地名等，均以当时的名称为准。对频繁使用的名称，首次用全称并括注简称，其后用简称。

十四、各镇志需要单独说明的事项，均在各自编后记中记述。

冉庄镇在中国的位置

审图号：GS（2020）6436号

冉庄镇在河北省的位置

审图号：GS（2020）6436 号

冉庄镇地图

审图号：GS（2020）6436 号

冉庄古村落（2016 年）

中国历史文化名村——冉庄村（2018 年）

冉庄地道战纪念馆（新馆）（2018 年）

1961 年，冉庄地道战遗址被列为全国重点文物保护单位

冉庄地道示意图

冉庄地道战纪念馆　提供

高房工事（2005 年）

地堡工事（2005 年）

碾子工事（2005 年）

老母庙及地平堡工事（2005 年）

炕面地道口（2005 年）

锅台地道口（2005 年）

墙根壁地道口（2019 年）

地平面地道口（2005 年）

冉庄地道战纪念馆（旧馆）（2009 年）

冉庄烈士陵园（2019 年）

保定市 2019“中国农民丰收节”在冉庄文旅小镇举办，小朋友们现场绘画（2019 年）

冉庄旅游路（2018 年）

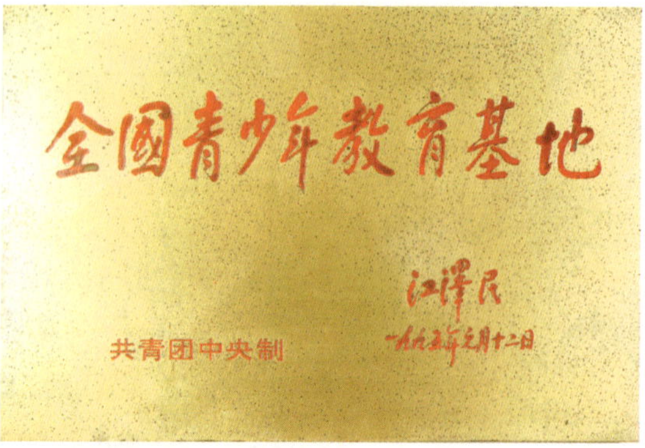

1995 年 1 月，冉庄地道战遗址被共青团中央确定为全国青少年教育基地

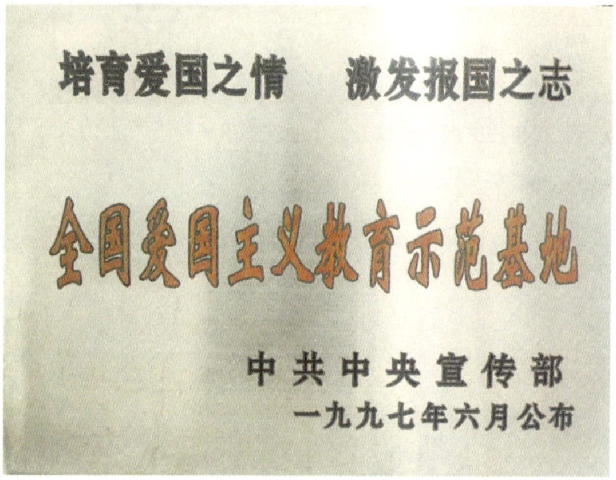

1997 年 6 月，冉庄地道战遗址被中宣部命名为全国爱国主义教育示范基地

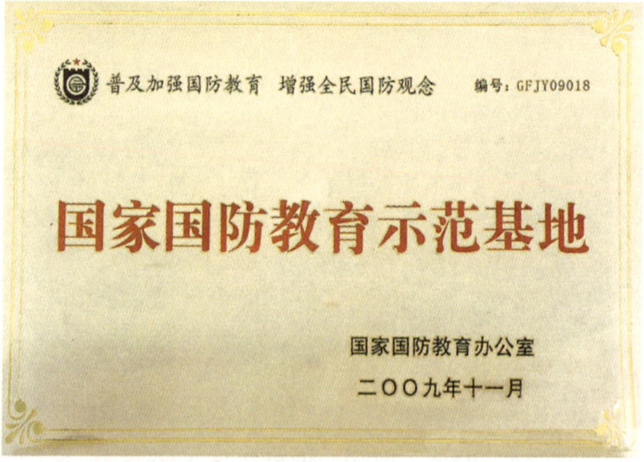

2009 年 11 月，冉庄地道战遗址被国家国防教育办公室命名为国家国防教育示范基地

目录

1 抱战遗址　冀中风情

7 基本镇情

9 **区位　交通**
9 区位
9 交通
9 **建置　区划**
9 地名由来
10 历史沿革
11 行政区划
13 行政村
19 **自然地理**
19 地质地貌
20 气候物候
20 自然资源
21 **人口　姓氏**
21 人口规模
22 姓氏构成
22 民族结构
22 宗教信仰
23 **镇域经济**
23 农业
24 工业

24 服务业
24 **社会发展**
24 社会事业
28 居民生活

33 红色冉庄

35 **全民抗战**
35 护村民团与联庄会
36 中共冉庄村党支部
37 冉庄“五大会”
38 冉庄民兵中队
40 冉庄儿童团
41 **地道奇观**
42 地道演变过程
44 地道工程量
45 地道技术环节
52 各类工事
57 地下兵工厂
58 地道与土质
59 交通沟
60 **地道内外的战斗**
60 本土作战
64 配合作战
67 特殊战斗
68 战争年代民兵的其他任务

71 文旅小镇

73 **规划**
73 文旅特色小镇规划
74 “三点一线”“一心两翼”规划
75 **旅游资源**
75 冉庄地道战遗址
80 冉庄地道战纪念馆
85 冉庄古村落保护区
91 文旅特色小镇建设
94 **遗址保护及基地建设**
94 规划保护
95 三大工程建设
96 基地建设
99 **旅游宣传**
99 红色旅游宣传

102 政策法律宣传
102 地道战精神宣传
102 “中国农民丰收节”
103 线路
103 **景区管理与服务**
103 景区管理
105 景区服务

107 风土民情

109 **生活习俗**
109 饮食习俗
109 穿戴习俗
110 居住习俗
111 出行习俗
112 婚嫁习俗
113 丧葬习俗
113 生育习俗
114 岁时节俗
115 祭祀习俗
115 禁忌
116 **美食小吃**
116 苦累
117 榆皮面饸饹
117 麻酱凉面
117 玉米面菜团子
118 折饼
118 凉粉
119 煎腊肉
119 **土特名产**
119 粉条
121 羊庄豆腐
123 **传统工艺**
123 制作虎头鞋
123 制作白铁皮用品
123 制作笼屉
124 扎笤帚
125 **庙会　集市**
125 庙会
125 集市
126 **民间文艺**
126 戏班
128 经会

129 经会乐班
129 轿班和吹打班
130 说唱
133 歌谣
138 冉庄剧社
139 抗战文艺
144 **方言土语**
144 语音
147 词汇
149 语法
153 土语

155 艺文

157 **文学作品**
157 《革命传统故事——古城英烈》
157 《地下烽烟：冉庄地道战遗址》
157 《地下长城——冉庄地道战风云录》
158 《保定历史文化——抗日战争专辑：保定抗日地道斗争》
158 《烽烟岁月——关于冉庄的回忆》
158 《冉庄的传说》
158 《英雄冉庄》
158 《印象冉庄地道战》
159 **戏曲　舞蹈**
159 《冉庄英雄妹》
159 《拔麦子》
159 《丰收锣鼓》
160 **歌曲**
160 地道战
161 支前民谣
162 拥军小调
163 埋地雷
163 全民抗战
164 前去把兵当
164 送郎打日本
165 支援前线
165 交通战
165 保卫麦场
166 民兵保家乡
166 讲抗日搞宣传
166 小弟放哨捉汉奸
167 查路条

167 **碑铭**
167 修冉庄桥记
168 张发荣公墓志
168 重修黄龙港二桥碣石
169 薛庄战役诸烈士殉国纪略
171 **传说轶事**
171 大禹治水在冉庄
172 张大奇息干戈救民于水火
173 教书先生李存仁
174 演武台主李老岱

175 名人与名镇

177 **人物传略**
177 王霞
177 任殿峰
178 张廷华
178 李九德
178 隋雅香
178 张森林
179 李恒木
179 李九皋
179 高振远
179 高振福
180 梁连恒
180 崇喜柱
180 王玉龙
181 李恒源
181 李明贵
181 李连瑞
181 张景芝
182 王九福
182 李勇
182 于庆和
182 李恒勋
183 **冉庄镇革命烈士名录**

189 大事纪略

191 **1937 年冉庄村成立护村民团**
191 **1938 年联庄会加入人民自卫军**
192 **1938 年冉庄村成立村党支部及“五大会”**
192 **1939 年冉庄“六一五”惨案**

193 1945 年冉庄村被授予“地道战模范村”称号
193 1947 年冉庄村土地改革
194 2007 年冉庄村入选中国历史文化名村
194 2010 年冉庄地道战纪念馆新馆正式开放
195 2015 年冉庄老民兵代表出席纪念中国人民抗日战争暨世界反法西斯战争胜利 70 周年阅兵盛典
195 2017 年谋划启动文化旅游特色小镇建设
197 附录
199 冉庄地道战纪念馆讲解词
215 主要参考文献
216 编后记

抗战遗址　冀中风情

冉庄，冀中平原上一个普普通通的村镇，它因影片《地道战》的外景拍摄而蜚声中外。冉庄地道由最初的藏身之所发展为防御工事，发展到战役战略、攻防一体、变化莫测之作战工事，是人民群众在中国共产党领导下的一个伟大创举，是人民战争光辉思想的生动实践。

“地道战，嘿，地道战，埋伏下神兵千百万……”伴随着这首耳熟能详的电影《地道战》主题歌，冀中平原抗日军民利用地道战打击日本侵略军的历史深深融入人们的脑海，而《地道战》的外景拍摄地——千年古镇冉庄也随之蜚声中外。

冉庄镇位于河北省保定市清苑区西南部，镇政府驻地冉庄村。地理坐标北纬38° 40′ 7.88″，东经 115° 22′ 23.44″，东邻张登镇、北店乡，南邻李庄乡，西邻阳城镇，北接白团乡、魏村镇。2018 年，全镇总面积 64.4 平方千米，辖 16 个行政村，有 9399 户、38042 人。冉庄村是全镇政治、经济、文化中心。京石客运专线经冉庄镇由东北向西南方向穿过。南距河北省省会石家庄 101 千米，北距清苑城区 14.9 千米，距保定 24 千米，距北京 162 千米。

冉庄镇海拔 31 米，地势平缓，为典型的平原地形。属暖温带大陆性季风气候，四季分明，春季干燥多风，夏季炎热多雨，秋季天高气爽，冬季寒冷干燥少雪。冉庄镇土地大部分为黄色的肥沃土地。

冉庄镇是典型的农业镇，农业生产以粮食作物为主，随着农业种植结构调整步伐的加快，蔬菜水果种植迅速发展，种植效益大大提高，粉条加工业是当地传统特色产业。20 世纪 90 年代后，随着冉庄旅游资源的不断开发，服务业逐渐兴盛。

冉庄建村于唐代，宋朝成镇，素有唐村宋镇之说。历史上冉庄镇的隶属多次发生变化。明嘉靖年间，冉庄社为清苑县 20 个乡社之一。明万历年间并韦家庄入冉庄社。1938—1945 年，冉庄隶属清苑第四区。1958 年 10 月，清苑县建制撤销，冉庄等 6 个人民公社划归唐县。1961 年 5 月，恢复清苑建制。1996 年 1 月，清苑县合乡并镇，北马庄乡并入冉庄镇。2015 年 5 月，清苑县更名为清苑区，冉庄镇隶属河北省保定市清苑区管辖。

冉庄地道是冉庄人民辛劳与智慧的结晶。1937 年 7 月 7 日，日本侵略军制造卢沟桥事变，发动了全面侵华战争。1938 年，面对严峻恶劣的斗争形势，冉庄村党支部书记张森林为了保存实力，躲避敌人，在自家菜窖里挖出一段地洞用于藏身，成为冉庄“第一洞”。1942 年，在张森林的倡议下，冉庄村民开始大规模挖掘地道。经过 7 年努力，筑起总长 16 千米、宽 0.7 ~ 0.8 米、高 1 ~ 1.5 米的各种形式的地道和作战工事。设置了瞭望孔、射击孔、活动翻板等，借助村落布局，构成房顶、地面、地道相互交叉的火力网，既能藏身又能出击，使整个冉庄村形成了一个地上地下相结合、遍布战阵的神秘之地，成为坚不可摧的战斗堡垒。

冉庄地道战是冀中平原军民抗击日本侵略军的典范。抗日战争全面爆发后，在极端艰苦的条件下，中国共产党领导冉庄抗日军民利用地道开展游击战争，出其不意地打击敌人。冉庄村 1938 年建立村党支部和抗日村公所，组织民兵队、青年抗日救国会、妇女抗日救国会、农民抗日救国会、工人抗日救国会等群众抗日团体与日本侵略军进行不屈不挠的斗争。1939 年农历六月十五日，日伪军制造了冉庄惨案，对冉庄进行烧杀抢掠，千年古村沦为一片焦土。冉庄人民把对日本侵略军的仇恨化作抗战到底的决心和力量，壮大民兵队伍，仅 1939—1940 年，冉庄村就有 85 名青年参军走上抗日前线。冉庄民兵采用地道战巧妙灵活地打击敌人，英勇顽强，誓死不屈，书写了可歌可泣的英雄故事。

冉庄地道战遗址是第二次世界大战中中国人民抗击日本侵略军的重要战争遗址，是全国首批重点文物保护单位。中华人民共和国成立后，冉庄人民重视对地道战遗址的保护，1959 年创建冉庄地道战纪念馆。自此，国家对地道战遗址不断进行投资修缮，先后修缮地道及保护区民居，修复地下兵工厂，重新布展原有陈列等。1987 年聂荣臻为冉庄纪念馆题写“冉庄地道战纪念馆”馆名，1988 年杨成武题写“冀中冉庄地道战展厅”门匾。2003 年 11 月至 2005 年 1 月，中共中央政治局常委李长春先后 3 次对冉庄地道战遗址保护作出重要批示，于 2004 年 11 月 9 日实地考察冉庄。财政部、国家发改委、交通部对冉庄地道战遗址保护从立项和资金都给予大力支持。2005 年 8 月 26 日，国家文物局正式批复《冉庄地道战遗址文物保护规划》，冉庄镇抢抓机遇，对冉庄地道战遗址实施文物整体保护、纪念馆迁建、基础设施建设“三大工程”。2007 年 12 月，中宣部、河北省委宣传部和市、县总投资 1780 万元迁建冉庄地道战新纪念馆。新馆主体工程建设于 2010 年 7 月完成，2010 年 9 月 3 日正式开放。新馆建成后吸引大量国内外参观游客，高峰日接待游客量近万人次，每年到新馆参观的游客达 100 万人次以上。

冉庄地道战遗址驰名中外。1961 年 3 月，冉庄地道战遗址被国务院公布为全国首批重点文物保护单位。改革开放后，冉庄地道战遗址先后被命名为“全国青少年教育基地”“全国爱国主义教育示范基地”“国家国防教育示范基地”。2014 年，被确定为全国第一批抗战纪念设施、遗址。

冉庄古村落具有浓郁的冀中风情。镇政府所在地冉庄村依然保持着原有的古村落格局，是冀中平原古村落风貌保存最完整的村庄之一。进入冉庄村，古老的房屋庙宇、战时的作战工事、粗壮的古槐仿佛让人回到二十世纪三四十年代，人们可以真真切切地感受到古镇的气息。村内民居更是 20 世纪以后北方农村民居发展变化的标本，完整程度较为罕见。东西、南北两条十字大街宽阔敞亮，贯穿全村，狭长的小巷错落有致。唐槐明井历史悠久，集历史文物和革命文物于一体，具有很高的保护价值。1987 年，冉庄村十字街两侧的房屋产权收归国家所有，住户仍有使用权。2005 年，河北省对冉庄地道战遗址重新进行规划，所有地上地下建筑物特别是传统民居、古式庙宇、地道、地道口、地上地下作战工事、两条护村河遗存以及两棵古槐等，都纳入其中。2007 年，冉庄村被建设部、国家文物局公布为中国历史文化名村。

2017 年，清苑区委、区政府开始谋划建设冉庄文旅特色小镇项目，对冉庄镇境内红色、绿色、古色资源等进行高起点、高定位、高标准规划，以红色旅游为核心，坚持“以红为底、多元复合”的旅游发展理念，致力打造一个“不变色、不变味、不变调，有情调、有特色、有味道”的红色文化旅游特色小镇。同时，结合大李各庄林场和好梦林水项目，对冉庄地道战景区进行全方位改造，形成“三点一线”“一心两翼”的旅游发展格局。2019 年底，文旅特色小镇的商业街建筑主体、休闲广场、冰雪乐园滑冰场建设完成，商业街 60 个店铺开始运营，文旅特色小镇逐见成效。

赓续红色基因，谋划绿色发展。新的时代，新的征程，冉庄人民正以全新的姿态，书写崭新的历史篇章。

冉庄古村落街道（2017 年）

基本镇情

冉庄镇位于保定市清苑区西南部，镇政府驻地冉庄村，北距清苑城区 14.9 千米。1996 年，北马庄乡并入冉庄镇。之后，冉庄镇辖 16 个行政村。2018 年，冉庄镇总面积 64.4 平方千米，总户数 9399 户，总人口 38042 人。冉庄镇是典型的农业镇，改革开放后，服务业有了较快发展，人民群众生活水平逐步提高。冉庄镇重视教育，多次被评为教育教学先进单位。改革开放以后，农村医疗健康水平提高较快。清苑区开展新农村建设后，冉庄镇各村面貌明显提升。

区位　交通

区位　冉庄镇位于河北省保定市清苑区西南部，地理坐标北纬 38° 40′ 7.88″，东经 115° 22′ 23.44″。东邻张登镇、北店乡，南邻李庄乡，西邻阳城镇，北接白团乡、魏村镇。2018 年，全镇总面积 64.4 平方千米，其中耕地 42.36 平方千米，村庄和道路面积 22.04 平方千米。

交通　镇政府驻地冉庄村北距清苑城区 14.9 千米，距京港澳高速公路清苑出口 11 千米，距保沧高速清苑出口 15 千米，距保定东站 29 千米，南距河北省省会石家庄 101 千米，北距北京 162 千米。省级公路保衡路（保定—衡水）于冉庄村东 9 千米处南北纵穿，省级公路蠡野线（蠡县—野北）在冉庄村北东西穿过，2009 年，京石客运专线经冉庄镇由东北向西南穿过。

建置　区划

地名由来　冉庄镇因政府驻地在冉庄村而得名。冉庄建于唐朝年间，因姓氏而称冉庄村。后赵青龙元年（350 年），后赵大将冉闵（汉族人）起兵攻杀石鉴后，称帝建立魏国，史称冉魏，治今河北、山西、河南、山东、江苏、安徽、甘肃、辽宁等地，都城邺（河北临漳县西南、河南安阳市北郊一带）。冉魏永兴三年（352 年），被鲜卑族慕容

经过冉庄镇的京石客运专线（2018 年）

氏前燕所灭，冉魏将士及其族人惨遭杀戮者甚众，幸存者不得不四处藏匿。其中冉氏家族中的一支，易姓为周，潜至今冉庄一带。前燕建熙十年（369 年），前燕又被前秦所灭，许多易姓的冉氏家族又复称冉姓。到了唐代，曹氏一族也迁至冉庄与冉姓家族共事耕作，遂建村，因冉姓先来，故依其姓氏取名冉庄。

历史沿革　据明嘉靖《清苑县志》载："冉庄社，在县治西南，村有二。六十里曰冉庄、曰耿家庄。"当时清苑的村落，除去城关的四社之外，全县 20 个乡社、156 个村庄。冉庄社辖冉庄、耿家庄。韦家社辖韦家庄、清凉城、保安镇（张登店北，今无）、助顺坊（保安镇北，今无）等 6 个行政村，辖区东西横贯 15 千米，为明朝清苑县 14 个乡市（集市）之一。明万历年间冉庄社和韦家社 2 个乡社合为冉庄社。

1938 年以后，现辖各村相继建立抗日民主政权，1953 年建立冉庄乡、三间房乡。1957 年合并为冉庄乡。1958 年属李庄人民公社，10 月划归唐县后改称冉庄人民公社，

1959年11月从唐县析出，划归清苑区。1960年3月属清苑县。1961年5月改建成小型冉庄人民公社。1983年5月复置乡。1984年11月改称镇，辖冉庄、张马庄、东孙庄、三房、西辛庄、姜庄、大张庄、小张庄、封庄、靳庄10个行政村。北马庄乡前身为北马庄人民公社，1953年建立北马庄乡、南马庄乡，1957年合并为北马庄乡。1958年8月属李庄人民公社，后改属冉庄人民公社。1961年5月析置北马庄人民公社。1984年5月复置乡，辖北马庄、西马庄、东马庄、陈吴庄、蒋庄、羊庄6个行政村。1996年合乡并镇期间与冉庄镇合并。

行政区划 1938年6月，中共清苑县委员会成立。县委成立后，设5个区委和1个西北办事处。北马庄、西马庄、东马庄、陈吴庄、蒋庄、姜庄、大张庄、小张庄、封庄、靳庄、羊庄、西辛庄属第二区。

1938年6月至1940年12月，张马庄、冉庄、东孙庄、三间房、西辛庄属第四区。

1940年，日军修通了在清苑县境内的张（张登）保（保定）、高（高阳）保（保定）、保（保定）安（安新）公路，企图利用公路、据点对清苑县进行“分割、蚕食”。1941年1月，为有利于开展对敌斗争，时冀中九地委指示，以张保公路为界，把清苑划分为清苑、之光2个县，公路以西为清苑县。分县后，清苑县辖5个区。靳庄、小张庄、大张庄、封庄、姜庄、羊庄、三间房、西辛庄8个村属第二区。

1941年1月至1944年10月，蒋庄、陈吴庄、北马庄、西马庄、东马庄、冉庄、张马庄属第四区。

1944年10月，清苑、之光2个县合并，称之光县。中共之光县始辖7个区委会，1945年增设为8个区委会。陈吴庄、东马庄、西马庄、蒋庄、北马庄、冉庄、张马庄属第四区。

1945年8月，羊庄、靳庄、封庄、小张庄、大张庄、辛庄、姜庄、三间房属第七区。

解放战争期间，清苑县始设8个区公所，后增设到11个。1945年至1947年10月，蒋庄、陈吴庄、东马庄、西马庄、北马庄、羊庄、靳庄、封庄、大张庄、小张庄、姜庄属第四区。

1945年至1947年10月，张马庄、冉庄、东孙庄、三间房、西辛庄属第七区。

1949年10月，清苑县下设11个区公所，1950年7月，改设为8个。1950年7月，北马庄、蒋庄、东马庄、西马庄、陈吴庄、大张庄、小张庄、姜庄、封庄、羊庄、靳庄属第二区。

1950 年 7 月，原七区和八区合并建立第四区，驻阳城（后迁魏村）。冉庄、三间房、东孙庄属第四区。

1953 年，为适应“农业合作化”运动的需要，在全县建立 105 个乡（镇），1957 年 6 月 16 日，有 8 个乡划归保定市。1957 年 10 月，撤销 7 个区的建制，将当时的 97 个乡（镇）规划为 26 个乡。1958 年初，清苑县设 21 个乡，同年 8 月，撤销 21 个乡的建制，建立 7 个人民公社。同年 10 月，撤销清苑县建制，6 个公社划归唐县，1 个划归保定市。

1953 年春至 1957 年 10 月，清苑县设 105 个乡（镇）。羊庄乡 1953 年 4 月建立，辖羊庄、靳庄 2 个村；北马庄乡 1953 年 6 月建立，辖北马庄、蒋庄 2 个村；东马庄乡 1953 年 6 月建立，辖东马庄、西马庄、陈吴庄 3 个村；大张庄乡 1953 年 6 月建立，辖大张庄、小张庄、姜庄、封庄 4 个村；冉庄乡 1953 年 6 月建立，辖冉庄村；三间房乡 1953 年 6 月建立，辖三间房、南辛庄、东孙庄 3 个村。

1957 年 10 月至 1958 年 8 月，清苑县有 26 个乡（镇）。1957 年 10 月，原冉庄、三间房、大张庄、羊庄 4 个乡合并，建立冉庄乡，设人民委员会，下辖 8 个村。1958 年 8 月，冉庄乡建制撤销。

1958 年 10 月，清苑县建制撤销，所属南大冉、石桥、东吕、冉庄、魏村、良寨 6 个人民公社划归唐县，臧村人民公社划归保定市。1958 年 12 月，保定市清苑区建立。1958 年 8 月，李庄人民公社和阳城人民公社下设阳城管理区合并建立冉庄人民公社，驻冉庄村。1958 年 10 月至 1959 年 11 月，李庄人民公社划归唐县后曾叫火箭人民公社。蒋庄、北马庄、东马庄、陈吴庄、封庄、姜庄、东孙庄、冉庄、张马庄、羊庄、靳庄、大张庄、小张庄属李庄人民公社管理委员会。1959 年 11 月，划归清苑区。

1960 年 3 月，清苑与满城、完县合并后，设 18 个人民公社，其中，原清苑区所辖人民公社有 7 个，有臧村、大阳、南大冉、石桥、东吕、冉庄、温仁。

1961 年 5 月，满城、完县从清苑县析出，恢复原清苑县建制。行政区划由原来的 6 个公社改为 33 个。同时，作为中共清苑县委、县政府的临时派出机构，在南大冉、冉庄、温仁、石桥、东吕、臧村设立 6 个工作委员会，加强对人民公社的领导。1961 年 7 月，郑各庄、付家营 2 个人民公社从唐县划归清苑县，同年 11 月，全县设 7 个区。冉庄区下设冉庄、北马庄、李庄、付家营 4 个人民公社。1962 年 5 月，撤销阳城区，将其所辖的大魏庄、阳城、郑各庄、郝庄、魏村5个人民公社划归冉庄区。从此，冉庄区下设9个人民公社。

1961年5月，设冉庄人民公社，驻冉庄村。下辖冉庄、三间房、小张庄、靳庄、姜庄、西辛庄、大张庄、封庄、东孙庄、张马庄10个村。同时，北马庄人民公社下辖马庄、羊庄、西马庄、蒋庄、东马庄、陈吴庄6个村。

1965年10月，清苑县下设5个区公所、39个人民公社。含冉庄区、冉庄人民公社。冉庄人民公社辖10个村，有冉庄、张马庄、东孙庄、三间房、西辛庄、大张庄、小张庄、封庄、靳庄、姜庄。

1968年9月，成立冉庄区革命委员会，辖冉庄、北马庄、李庄、付家营、大魏庄、阳城、郑各庄、郝庄、魏村9个人民公社革命委员会。

1968年9月，成立冉庄人民公社革命委员会，辖10个生产大队。1968年6月，成立北马庄人民公社革命委员会，辖6个生产大队。

1981年8月，冉庄区革命委员会改建为冉庄区公所，所辖9个人民公社革命委员会改设为人民公社管理委员会。

1983年5月，冉庄人民公社管理委员会改建为冉庄乡人民政府，1984年11月改建为冉庄镇人民政府。同年，北马庄人民公社管理委员会改建为北马庄乡人民政府。

1996年1月，清苑县并乡扩镇，全县由9个镇、30个乡改为8个镇、11个乡。并乡扩镇中，北马庄乡并入冉庄镇。此后的冉庄镇辖冉庄、张马庄、东孙庄、小张庄、三房、西辛庄、大张庄、封庄、靳庄、姜庄、北马庄、羊庄、西马庄、蒋庄、东马庄、陈吴庄16个行政村。

2015年5月，保定市召开行政区划调整动员大会，正式公布国务院同意调整该市部分行政区划的批复。其中清苑县、满城县、徐水县撤销，设立清苑区、满城区、徐水区。冉庄镇隶属清苑区。

行政村

2018年，冉庄镇辖冉庄、张马庄、东孙庄、小张庄、三房、西辛庄、大张庄、封庄、靳庄、姜庄、北马庄、羊庄、西马庄、蒋庄、东马庄、陈吴庄16个行政村。

冉庄村 建村于唐朝，宋朝成镇，素有唐村宋镇之说。位于清苑城区西南14.9千米处，是镇政府所在地。东南临西马庄，东北临姜庄，南邻耿庄，西南邻张马庄，西北邻东孙庄，北邻三房。该村南北长1821米，东西长1713米。省道张（登）望（都）公路

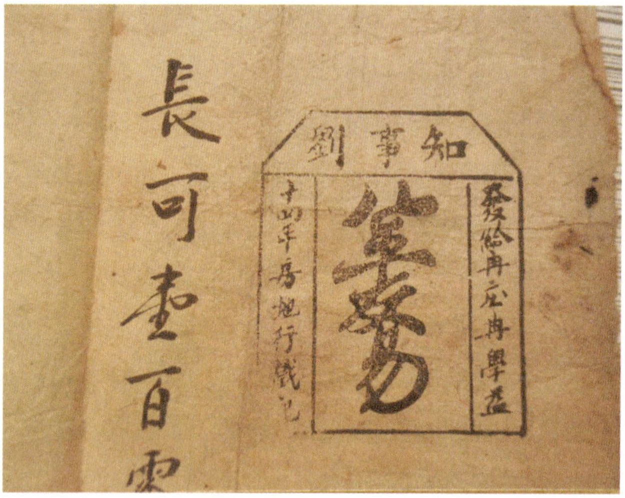

1925 年的房地产文书

沿村北东西横穿而过。2002 年修建了旅游路。2009 年京石客运专线沿村北由东北向西南方向穿过。2018 年，全村有 925 户 3827 人，耕地 6500 亩。

抗日战争期间，冉庄村民以地道战的形式抗击日本侵略军，冉庄村至今仍有保存完好的地道战遗址，1961 年被国务院确定为全国重点文物保护单位。2010 年重建后的冉庄地道战纪念馆位于该村村南。冉庄村于 2007 年被建设部、国家文物局公布为中国历史文化名村。

冉庄因姓氏而得名。2016 年，在冉庄一村民家发现一件 1925 年的房地产文书，上有“民国十四年 冉学孟”字样，说明冉庄村在 1925 年仍有冉姓人家。随着时间的推移，冉庄村已没有了冉姓村民。

三房村 明朝时期，李、柴、霍三姓迁此定居，取村名三姓房，至清代演化为三间房，1969 年简称三房。2018 年有李、卢、王三姓村民，其中李姓为同宗，占全村人口 98% 以上。位于冉庄镇西北 1.5 千米处，东至旅游线，南至张望路，西南至东孙庄，北至西辛庄。三房村南北长 800 米，东西长 1500 米。

三房村制作粉条历史悠久，曾是村民主要收入来源。改革开放后，村中大部分年轻人外出打工增加收入。村内张望路北侧建有两座六层楼房，是清苑农村建设楼房最早最多的村之一。2018 年，全村有 456 户 2055 人，耕地 3600 亩。

大张庄村 建村于明末清初。相传张姓先祖由山西洪洞迁此定居立村，以姓氏取村名张庄，后来也有张姓村民在村东建村，取名小张庄，该村遂改称大张庄。全村所有家庭均为张姓。位于镇政府东北 1.5 千米处。村东与封庄、小张庄接壤，南与姜庄毗邻，西与三房村、西辛庄为邻，北与白城接壤。该村南北长 1000 米，东西长 1500 米，占地约 2250 亩。京石客运专线沿村东南方向穿过，旅游路沿村北、西环村通过。

该村粉条加工历史悠久，有“清苑粉条第一村”之称。2018 年有家庭粉条加工作坊 20 家，建有冷库 40 多个，日生产粉条 10 万公斤。2018 年，全村有 573 户 2294 人，耕地 4200 亩。

小张庄村 建村于清康熙年间。据小张庄村张姓族谱记载，清康熙四十四年（1705 年），小张庄村北的白团村一张姓大户因家庭变故全家迁移至此。之后有于、田两姓也迁此地定居，形成一个小村庄，因西边有个大张庄，故取名小张庄。清朝末年，大张庄村几户张姓搬来，王、杜、许、曹等姓也陆续迁入。中华人民共和国成立前夕已无曹姓。位于冉庄镇东北 4 千米处，东、东南、西南分别与靳庄、封庄、大张庄相邻，村北是东西流向的龙泉河。2009 年京石客运专线沿村东南穿过。该村南北长 900 米，东西长 700 米。主干街道呈丁字形。

2000年以前，村民大面积种植红薯，加工粉条。2000年后，种植结构有了一定调整，其他经济作物如棉花、辣椒都有了一定面积的种植。建有大型造纸厂 1 个、粉坊 1 个、养猪场 1 个（存栏 1000 余头）、石料厂 1 个及纺织加工等企业。2018 年，全村有 290 户 1186 人，耕地 2300 余亩。

靳庄村 建村于清代。据村内街碑记载，清初靳文州在朝居官，后迁居此地，取姓为村名靳庄村。后来有赵、刘、田、孟、樊姓迁居，村名沿用至今。位于冉庄镇东北 4 千米处，东邻羊庄村，西邻小张庄村、封庄村。2009 年京石客运专线沿村西北穿过。该村南北长 600 米，东西长 800 米。

2000 年前，村民以加工红薯粉条为收入来源，后改为种植西瓜、辣椒，许多村民外出打工。2000—2016 年，全村共修水泥路 5000 多米，共计 2 万平方米，打井 40 眼，自来水全村覆盖。2018 年，全村有 291 户 1247 人，耕地 2400 亩。

蒋庄村 建村于元代。时有蒋姓迁此定居立村，以姓氏取名蒋庄。位于镇政府东偏南 5.8 千米处，东距谢庄村 2 千米，南距张望公路 1 千米，西距北马庄村 2 千米，北距羊庄村 4 千米，是冉庄镇位置最东的一个村。蒋庄村有 21 个姓氏，其中韩、闫、谢三姓村民最多。

20 世纪 90 年代，蒋庄村在全县农村第一个建起占地 120 亩的瓜果批发市场，瓜菜年销售量1000万公斤，销往全国几十个省市地区，成为带动一方经济发展的龙头。全村每年西瓜种植面积3000亩，辐射周边几十个村庄的西瓜种植产业。蒋庄村西瓜种植分为小棚、中棚、大棚，分成多个成熟期，错季销售。随着技术的不断成熟，有些村民还把西瓜嫁接技术运用到西红柿、茄子栽培中，提高了亩产效益。2018年，全村有980户3766人，耕地5721亩。

姜庄村 建村于明洪武年间。姜姓由山西省迁于此地立村，故名姜庄村。后来高、王、郭、刘、李、师、任、张等先后迁来，现已无张、任两姓，村名一直沿用。位于冉庄镇东北1.5千米处，东北与封庄、靳庄接壤，西南与冉庄村相邻，西靠旅游路，北邻大张庄。2009年，京石客运专线沿村西北穿过。

姜庄村南北、东西正十字大街长度均为700米，宽10米。全村有超市4个，农药化肥销售点3个，家庭轿车共400余辆。2018年全村有470户1988人，耕地3686亩。

羊庄村 建村于明代。据传，明朝末年，河南张德府搬来几户人家在此落户，取村名羊庄。位于冉庄镇东北5.4千米处。地处三乡交界，东与北店乡牛庄村接壤，南临北马庄村，西邻靳庄村，北与白团乡南营村相邻。村南有九龙河、村北有清水河，两条河在村东交汇。全村姓氏有郐、杨、杜、张、赵、孙、李、刘、龚、王、董、郝、路、樊、牛15个姓氏，其中郐姓村民人口最多，在清苑区范围内只有羊庄村有此姓氏。

1985年以前羊庄有村办哈哈腔剧团，每年春节搭台演出。“文化大革命”期间，排练样板戏，经常到山区演出。1974年在清苑县文艺会演中获得一等奖。有的村民进入县哈哈腔专业剧团，成为职业演员。1985年，村剧团停止排练演出。

1991年，村委会集资建起教学楼一座，是全县早期建教学楼的村庄之一。1992年，全村所有耕地进行方田规划，便于机械耕种，节省劳动力。2018年，全村有980户3554人，耕地6300亩。

封庄村 建村于明代。据传，明末封姓一族于此立村，取村名封庄。后来，段、李、姜、米、任、贾、霍姓陆续迁入，霍姓已无，村名一直沿用。位于冉庄镇东北偏南4千米处，东邻羊庄，东北是靳庄，西与大张庄接壤，西北是小张庄。2009年京石客运专线沿村西北穿过。该村南北长700米，东西长500米。东西一条宽6米的大街，沿街东有关帝庙，西有观音庙。村民历代以务农为生，农业生产以种植玉米、小麦为主，也种些瓜菜。随着农业机械化程度提高，越来越多的村民外出打工。

2013年，村内安装98盏太阳能路灯。2018年，全村有187户805人，耕地2084亩。

东孙庄村 建村于宋朝。据传，有孙姓兄弟二人迁此定居，哥哥在西边建村，称西孙庄，弟弟在东边建村，叫东孙庄。后来弟弟迁往哥哥的西孙庄居住，但东孙庄村名一直沿用。后有皮、崔两姓到此落户，现在还有崔家大院之说，且有崔家坟、崔家窑遗址。皮姓迁往李庄乡北段庄村居住。东孙庄村有一墓碑对迁移情况有详细记载。20 世纪 70 年代，崔姓仅剩 1 人，迁往北营村。至此，全村无皮、崔二姓。明洪武年间，有山西洪洞县移民刘、李二姓迁到此地，后有张姓和乔姓到此定居，赵姓一户于 20 世纪 30 年代从大魏庄村到此落户。东孙庄位于镇政府西北偏南 2.5 千米处。南邻京石客运专线，西与阳城镇西孙庄接壤，北靠京港澳高速公路，省道张望公路穿村而过。该村南北长 800 米，东西长 1200 米。

明成化年间，东孙庄人刘谟、刘珍父子分别任万全都司、怀来卫经历司知事和陕西凤翔府同知。刘谟去世后，皇帝为褒奖其为官清正，于明成化二十二年（1486 年）三月十八日，为其立碑一座，其碑至今尚存，碑文中所刻“奉天承运皇帝，制曰”字样清晰可见。抗日战争时期，东孙庄村有 30 多名青年投身抗战，有 10 多名以身殉国。1950 年，东孙庄村有 6 人参加了抗美援朝。

2012 年，村内所有道路全部翻新，村外道路全部硬化。增设变压器 8 台，打机井 33 眼。建起了教学楼，翻新扩建村卫生所。2013 年，打深水井 1 眼。2016 年全村安装 80 盏太阳能路灯。2017 年安装 140 盏。2018 年有大型超市 2 个，大型家具城 9 家。全村有家庭轿车 249 辆。2018 年，全村有 766 户 3201 人，耕地 4493 亩。

张马庄村 建村于明万历年间。当时一马姓人家在此落户，由于天灾人祸，马姓人家迅速衰败。后来，张姓的祖奶奶领着两个儿子讨饭来到这里，见房屋锅碗灶等器具都在，只是没有人，于是定居下来，繁衍生息。张姓不忘当年立村的马姓先民，将村子命名为张马庄，以示纪念。后来又有卢、王、梁、刘、安、郑姓的先民入住。张马庄位于冉庄镇西南 2 千米处，南接李庄乡北段庄村，西至阳城镇唐庄村，北至东孙庄村，京石客运专线穿村西北部而过。

2018 年，张马庄村在村里盖起楼房的有 6 家，全村购买小汽车 80 多辆，大型半挂运输车 30 辆。2018 年，全村有 423 户 1690 人，耕地 3800 亩。

北马庄村 建村于元代。王姓祖辈从定县王文村搬迁至此定居。在战乱时期，南、北马庄有一赛马道，南北各有一拴马桩，北拴马桩为北马庄。前后有刘、张、霍、杨、薛、兰、牛、马、魏、姜、冯、边、李、吴、闫、王姓迁入定居，2018 年已无姜姓。该村是原北马庄乡政府驻地，位于张望公路北侧，冉庄镇政府东 4 千米处，正东 2 千米是蒋庄村，东南 1 千米处是陈吴庄，南边和东马庄、西马庄相邻，正北是羊庄村。

北马庄村南北 1700 米，东西 1500 米，南北大道 4 条，东西大道 4 条，是冉庄镇最大的村。村民历代以务农为主，农业生产以玉米、小麦为主，另种瓜果蔬菜，西瓜改良嫁接技术领先。后来陆续种植药材。随着农业机械化程度提升，许多村民外出打工增加收入。2018 年，全村有 1138 户 4589 人，耕地 6700 亩。

东马庄村 建村于明代。据《薛姓始祖碑记》记载，明万历年间，薛姓先人薛怀夫妇携带四子薛海金、薛海玉、薛海山、薛海泉由安肃空城（今徐水）到此地，在一拴马桩旁建一居民疃，和另一居民疃比邻而居，两疃取名南马庄。据《杨氏家谱》记载，明末清初，杨姓先祖杨祭田夫妇携带四子杨雷、杨闪、杨风、杨雨从高阳县南归还村迁来，与薛姓家族隔河而居。当时两疃之间有一条河，杨姓居河东，时称杨家桥，薛姓居住地为薛家疃，西头霍家时称霍家疃，街当中为赵家疃。后陆续迁来韩、张、靳、王、郝、崇、李姓，2018 年已无韩姓。位于冉庄镇政府所在地东南 4.6 千米，东南距陈吴庄 0.99 千米，南距李庄乡任王力村 2.77 千米，西距西马庄 0.8 千米，北距北马庄 0.76 千米。

1940 年以前，东马庄与西马庄由一个村公所管辖，统称南马庄。1940 年，分村时称东马庄，属义和庄管辖。1957 年，乡镇合并后属北马庄乡管辖。1958 年 8 月人民公社化，村公所改称生产大队，属李庄公社管辖。1961 年 5 月，区划调整，划归北马庄公社。1984 年 5 月，政社分开建立乡政府后，仍属北马庄乡管辖。1996 年，撤乡并镇后划归冉庄镇。2018 年，全村有 539 户 2148 人，耕地 2890 亩。

西马庄村 建村于明万历年间。霍、魏、赵三姓相继搬迁到此地，当时此处有两个拴马桩，南、北各一桩，称南马庄和北马庄村。南马庄又分霍家疃、赵家疃和薛家疃，后又迁来李、张、刘等姓家族。1940 年，南马庄又分村，霍家疃与赵家疃为一村，名为西马庄。中华人民共和国成立初期，为村公所管辖，至 1957 年归北马庄乡管辖。1958 年，人民公社成立，为北马庄公社管辖。1996 年，合乡并镇后划归冉庄镇管辖。位于冉庄镇东 4 千米处，东与东马庄村连接，南距李庄乡义和庄村 1.5 千米，西南距李庄乡耿庄村 3 千米，北与北马庄村相邻。2018 年，全村有 600 户 2398 人，耕地 3350 亩。

西辛庄村 建村于明末清初。据传，张新钟和表弟韩向远居住徐水县东白亭村，遇荒年，到白城西南 3 千米处开荒种地，取村名南辛庄。后有张、魏、李、刘、米、朱、于、甄、贾、史、樊、王、赵、屠姓陆续迁入。1981 年，全县地名普查，因其在同名村中居西，改为西辛庄。位于镇政府西北 3.3 千米处，东邻大张庄，东北与西白城接壤，南傍三房，西接王胡庄，北临田庄。该村南北长 1200 米，东西长 1500 米，街道 11 条，有横五纵六之说，各条街道笔直，东西南北 8 条大街与邻村相通。

村民历代以务农为主，主要种植玉米、小麦。1998 年以前，村民以加工红薯粉条为主要收入来源。随着农业机械化水平提高，村民以劳务输出为主。2018 年，全村有 389 户 1668 人，耕地 3523 亩。

陈吴庄村 建村于清代。相传，清朝年间由北马庄迁来几户村民在此定居立村。1932 年独立成村，属北马庄乡管辖，因陈、吴两姓居多，故取村名陈吴庄。位于镇政府东南 5 千米处。村民经济来源以务农和外出打工为主。

2013 年，村外道路全部硬化。2014 年，村内自来水普及率达到 100%，24 小时供水。村内主要路口安装了摄像头，维护村内治安。村内照明设施全部换成自动控时开关。2015 年，建成村民文化活动广场和村民文化活动中心。2016 年，在文化广场配置了健身器材。2018 年，全村有 392 户 1626 人，耕地 2000 亩。

自然地理

地质地貌 冉庄镇位于冀中平原东部。据《清苑县志》记载，冉庄镇一带海拔 31 米，地势平缓。

明末清初，冉庄镇曾为唐河故道，后唐河改道，境内没有主要河流。现镇内有九龙河和新开河，常年无水，偶尔在雨季起到分洪排涝作用。

中华人民共和国成立前，冉庄镇土地大部分为盐化潮土（俗称盐碱土），只有羊庄、姜庄、封庄、靳庄和北马庄、西马庄为黑红相间的土壤，其余均为盐碱或黄沙地。后来因河流改道，大水漫灌等自然因素，特别是二十世纪五六十年代采取“翻黑盖碱”等一系列土地改良措施，这些盐碱或黄沙地都已变成盐碱适中的黄色沃土。

气候物候 冉庄镇属暖温带大陆性季风气候，四季分明，春季干燥多风，夏季炎热多雨，秋季天高气爽，冬季寒冷干燥少雪。年平均日照时数 2421.8 小时，最大值 2828.7 小时（1987 年）、最小值 2069.3 小时（2002 年）。年平均气温 13.4℃，极端最低气温 −16.8℃（2001 年 1 月 15 日），极端最高气温 41.6℃（2000 年 7 月 1 日和 2002 年 7 月 15 日）。年平均地面温度 15.1℃，历年地面平均最高温度 33.8℃（2000 年 7 月），最低 −6.7℃（2000 年 1 月、2001 年 1 月）。年平均相对湿度 61%，历年月平均最大相对湿度 83%（1995 年 8 月），月平均最小湿度 32.6%（1996 年 2 月），秋季湿度 66%。年平均蒸发量 1430.5 毫米，年平均降水量 516.6 毫米，年平均无霜期 191 天，最长年份 215 天（1990 年），最短年份 168 天（1991 年）。

1 月（小寒、大寒）天寒地冻，积雪不化，水泽腹坚。

2 月（立春、雨水）东风送暖，大地解冻，河冰融化，柳树萌芽。

3 月（惊蛰、春分）虫类苏醒，燕子飞回，蜜蜂群飞，小麦返青，草木出芽，雷乃发声。

4 月（清明、谷雨）杏花开放，柳絮飞扬，桃花红，梨花白，小麦拔节，棉花出苗，蛙始鸣。

5 月（立夏、小满）小麦抽穗灌浆，榆钱落，布谷鸟始鸣，青蛙鸣叫，蚯蚓出土。

6 月（芒种、夏至）小麦成熟，棉花现蕾，谷子拔节，蝉始鸣，螳螂生。

7 月（小暑、大暑）棉花始花，玉米拔节，谷子抽穗，蟋蟀始鸣，蜻蜓飞漫天，大雨时行，天气闷热。

8 月（立秋、处暑）玉米抽穗开花，谷子成熟，凉风至，寒蝉鸣叫。

9 月（白露、秋分）棉花吐絮，玉米成熟，天气转凉，雷始收声，白露降，蝉终鸣。

10 月（寒露、霜降）小麦播种，野草始黄，雁南飞，蟋蟀终鸣，蛇冬眠，白菜、萝卜收获，虫类藏洞。

11 月（立冬、小雪）树叶落，野草黄枯，水始冰，地始冻，初雪出现，闭塞而成冬。

12 月（大雪、冬至）天气寒冷，小麦停止生长，植物休眠。

自然资源

冉庄镇资源匮乏，域内没有森林和矿产资源，仅有的自然植被和野生动物品种数量非常少。

自然植被 已逐渐为人工植被所代替，仅在农田隙地、道沟、路旁、坟地、水塘、古河道、沙地和盐碱地等处才能见到一些野生植物，并发育着洼地植被、沙生植被和盐生植被等类型。至 2018 年，常见的野生植物有线草（马唐）、狗尾草、刺儿菜（蓟）、燕尾（苦荬菜）、落藜（灰菜）、马勺菜（马齿苋）、鞋底片（车前）等 31 科 90 余种。

野生动物 二十世纪六七十年代，常见的野生禽类有大雁、苍鹰、花鸨、喜鹊、燕子、麻雀、鹧鸪、鹌鹑等。据 20 世纪 80 年代统计，境内主要野生动物物种计有 80 多种，较大的兽类有狐狸、獾、野兔、黄鼠狼、豹猫等，这些野生动物或由于栖息地丧失，或因食物链断绝，几乎绝迹，只有野兔还有一点数量。20 世纪 90 年代以后，大雁、苍鹰、花鸨几乎绝迹。21 世纪初，随着种苗的引进和国外木材的进口，外来野生动物物种也不断进入冉庄镇。

土地资源 中华人民共和国成立后，冉庄镇土地质量不断提高，人均耕地呈逐年下降趋势。1949 年人均耕地 3.5 亩，1976 年下降为 2.1 亩，2000 年以后人均土地降至 1.5 亩左右。进入 21 世纪后，冉庄镇党委、政府在保证经济发展和人民生活的基础上，严格落实有关政策，控制各类建设用地，人均耕地虽然呈下降趋势，但下降速度明显减慢。至 2018 年，人均耕地 1.4 亩。

人口 姓氏

人口规模

中华人民共和国成立前，由于战火不断，民不聊生，冉庄镇人口发展缓慢。中华人民共和国成立后，随着生活水平的提高和医疗条件的改善，冉庄镇人口大幅增加。2018 年，全镇总户数 9399 户，总人口 38042 人。

性别结构 1964 年第二次全国人口普查，全镇总人口 12722 人，男性 6564 人，女性 6158 人，男女性别比 106.6。1982 年第三次全国人口普查，全镇总人口 15513 人，男性 7977 人，女性 7536 人，男女性别比 105.9。1990 年第四次全国人口普查，全镇总人口 17980 人，男性 9050 人，女性 8930 人，男女性别比 101.34。2000 年第五次全国人口普查，全镇总人口 35082 人，男性 17914 人，女性 17168 人，男女性别比 104.35。2010 年第六次全国人口普查，全镇总人口 36119 人，男性 18466 人，女性 17653 人，男女性别比 104.61。2018 年，全镇总人口 38042 人，男性 19640 人，女性 18402 人，男女性别比 107。全镇人口结构男性一直多于女性。

年龄结构 1964 年第二次全国人口普查年龄结构情况：15 ~ 60 岁人口 6815 人，占全镇总人口的 53.57%；60 岁及以上老年人 998 人，占全镇总人口的 7.8%。1982 年第三次全国人口普查年龄结构情况：15 ~ 60 岁人口 8964 人，占全镇总人口的 57.78%；60 岁以上老年人 1551 人，占全镇总人口的 10%。2010 年第六次全国人口普查年龄结构情况：15 ~ 59 岁人口 24884 人，占全镇总人口的 68.9%；60 岁及以上老年人 5405 人，占全镇总人口的 14.96%。1964 年第二次全国人口普查时全镇 90 岁以上老人 11 人，其中男性 5 人、女性 6 人。1982 年第三次全国人口普查 90 岁以上老人 11 人，其中男性 4 人、女性 7 人。2010 年第六次全国人口普查 90 岁以上老人 74 人，其中男性 24 人、女性 50 人。2018 年，全镇总人口 38042 人，15 ~ 59 岁人口 22623 人，占全镇总人口的 59.47%；60 岁及以上老年人 7726 人，占全镇总人口的 20.31%。2018 年，全镇 90 岁以上老人 164 人，其中男性 65 人，女性 99 人。

姓氏构成 2018 年冉庄镇居民姓氏共 249 个，全部为单姓。拥有千人以上的姓有韩、霍、姜、李、刘、王、郧、薛、杨、张、赵。张姓人口居首，计 6158 人，占全镇人口的 16.2%，每姓只有一人的共 77 个。

民族结构 据历次人口普查结果，冉庄镇居民的民族构成情况为：1964 年汉族 12722 人，占总人口的 100%；1982 年汉族 15513 人，占总人口的 100%；1990 年汉族 17959 人，占总人口的 99.88%，蒙古族、布依族、满族等少数民族 21 人，占总人口的 0.12%。2010 年汉族 36089 人，占总人口的 99.9%，蒙古族、满族等少数民族 30 人，占总人口的 0.1%。2018 年汉族 37971 人，占总人口的 99.8%；蒙古族 11 人，苗族 15 人，朝鲜族 4 人，满族 21 人，彝族 12 人，土族 6 人，布依族 2 人，少数民族人口占全镇人口的 0.2%。

宗教信仰 境内宗教信仰以天主教为主。平时主要以姜庄村教堂为集中活动地点，每周日和重大节日期间组织活动。有部分村民信仰佛教，另有少数村民信仰道教。冉庄村有弘阳海会，羊庄、张马庄、西辛庄有好事经会。

红薯种植（2018 年）

镇域经济

粉条晾晒（2017 年）

农业 冉庄镇是典型的农业大镇。中华人民共和国成立前，冉庄镇一带农作物种植以小麦、玉米、大豆、红薯、谷子、高粱为主，兼以棉花、油料、蔬菜和西瓜种植。个体小农经济无力抵御频繁的自然灾害，“靠天”吃饭的历史一直未能改变。二十世纪五六十年代，由于机械化水平低下，农作物单产长期徘徊在低水平。中共十一届三中全会后，随着家庭联产承包责任制的实行，农业生产快速发展。1986 年，粮食总产 9128 吨。2004 年，粮食总产 20165 吨。2018 年，粮食总产 38197 吨。随着农业种植结构调整步伐的加快，蔬菜、瓜果种植迅速发展，大棚、地膜的普及，大大提高了种植效益，促进了农民增收。20 世纪 90 年代，蒋庄村在全县农村第一个建起占地 120 亩的瓜果批发市场。2018 年，全镇蔬菜产量 32133 吨，

西瓜采摘（2018 年）

瓜果产量 11000 吨。20 世纪 80 年代起，农民开始大面积种植红薯，加工粉条，粉条加工业逐渐兴起，成为当地农民经济收入主要来源之一。20 世纪 90 年代后，红薯种植锐减，粉条加工业受到影响，村民开始发展养殖业，从简单的家庭饲养模式逐步向规模化养殖转变，生猪、肉（蛋）鸡、牛、羊等种类和存栏不断增加。2018 年，全镇有规模性养殖户 101 家。

工业 受多种因素综合影响，冉庄镇工业发展较为滞后，20 世纪 70 年代曾有铁木社和玩具厂两家集体企业，于 20 世纪 80 年代末破产。至 2018 年，全镇初具规模的民营企业 3 家。金南纸业有限公司，位于小张庄村，2004 年创建，主要是生产包装用瓦楞纸，有工人 70 人，年产值 300 万元以上。保定市贝佳宝纸塑制品制造有限公司，位于蒋庄村，始建于 2001 年，主要生产纸塑品，有工人 90 余人，年产值 5000 万元左右。联想铸造有限公司，2003 年建厂，2013 年由外地迁至西马庄村，主要生产铁路货车配件、高铁轨道列车关键铸件等，有工人 160 人，年产值 8000 万元左右。

服务业 清康熙八年（1669 年），保定成为直隶省会后商贾云集，一些商贩在冉庄等集镇开设商号，主要经营棉花、布匹、日杂百货等。20 世纪 90 年代前，镇里青壮年多以外出打工为主，主要从事工业、运输业、建筑业。20 世纪 90 年代后，随着冉庄镇旅游资源的不断开发及旅游专线的开通，冉庄镇以及沿途的村服务业开始逐渐兴盛，行业种类不断增多。2018 年，全镇有家具厂 1 个、大型超市 17 个、饭店近百家。

社会发展

社会事业

教育 冉庄镇私塾教育历史悠久。民国时期，私塾改称蒙学馆。中华人民共和国成立后，私塾有的被并入小学，有的关闭。20 世纪 50 年代，私塾在冉庄镇基本绝迹。

二十世纪二三十年代，冉庄镇涌现出李九德、张森林两位优秀的教育工作者。张森林大胆对教材进行改革，废止了传统的教材和教学形式，确定国语、算术、时事为三门主科，还在课余时间开展唱歌、体育及各种文艺活动。同时在小学校里办起了冉庄民校，利用晚上的时间一边教民众学习文化知识一边进行国耻教育，为后来地道战的开展奠定了思想基础。

日军疯狂“扫荡”时期，冉庄学校被迫停课。张森林提出化整为零、隐蔽教学的思路，将学生就近划分成学习小组，确定一位成绩好、有责任心的学生担任小组长，即小先生。老师先在一个安全的地点教会小先生，然后由小先生将一组同学带到一个隐蔽的地方学习。这样目标小，集散方便安全。在残酷斗争时期的教学工作中，还要提高警惕，防止敌人的渗透和骚扰。

中华人民共和国成立后，冉庄镇各村相继成立小学。“文化大革命”期间，冉庄镇教育发展迟缓。中共十一届三中全会后，冉庄镇教育逐步走上正轨。许多小学陆续建成高标准的教学楼，新建图书室、微机室、多功能教室，安装远程教育系统等现代化教学设施。冉庄镇总校多次被评为全县“教育教学先进单位”“成人教育先进单位”“电大工

冉庄小学（2018年）

冉庄幼儿园（2018年）

作先进单位”“幼教工作先进单位”等。冉庄中学、冉庄小学、西马庄小学、羊庄小学、北马庄小学先后被评为市级标准化学校。

冉庄镇幼儿教育自20世纪90年代后逐步发展起来。当时部分小学开设幼儿班，招收6岁儿童进行学龄前教育。2004年，全县普及学前三年教育，冉庄镇教委统一作出规划，幼儿园与小学分开，配备一名园长、若干名教师，招收本村或邻村3～5周岁适龄儿童就近入园。2004年以后，全镇通过政府财政拨款、镇村支持、总校自筹等多种渠道，共投资400多万元用于优化办园条件。2010年，东马庄幼儿园被评为保定市农村示范性幼儿园。

2004年9月，东马庄小学、陈吴庄小学、西马庄小学合并。2018年，冉庄镇有中学1所、小学9所、幼儿园10所，教职工283人，在校生5200余人，小学入学率100%，初中入学率97.7%。

文化水平 历史上的冉庄镇，居民中文盲较多，到明清时期，进私塾读书者多为少数富裕家庭的孩子。中华人民共和国成立后，随着教育事业的发展，村民文化水平逐年提高。1964年，全镇居民中小学以上文化程度的4027人，占全镇总人口的31.65%。其中大专以上2人，高中、中专44人，初中385人，小学3596人。文盲和半文盲5669人，

冉庄中学（2018年）

占全镇总人口的 44.56%。1982 年，全镇居民中有小学以上文化程度的 8811 人，占全镇总人口的 56.8%。其中大专以上 7 人，高中、中专 705 人，初中 2533 人，小学 5566 人。文盲和半文盲 4024 人，占全镇总人口的 25.94%。与 1964 年相比，小学以上文化程度者增加 4784 人，增长 1.2 倍，文盲和半文盲由占总人口的 44.56% 下降到 25.94%。1990 年，有小学以上文化程度的 11922 人，占全镇总人口的 66.3%。其中大专以上 30 人，高中、中专 633 人，初中 3824 人，小学 7435 人。与 1982 年相比，小学以上文化程度者增加 3111 人，增长 35.3%。初中增加 1291 人，增长 51%，小学增加 1869 人，增长 33.58%。文盲和半文盲占比逐年下降。2018 年，初中文化程度的人口比例增加到总人口的 45%，高中文化程度所占人口比例上升至 18%，大专及以上文化程度的人口增长到了 6.9%。

体育　冉庄镇历史上有尚武之风，所辖冉庄村各大姓氏都有自家的演武台。清朝末年，村民自发组织武术班，取名“少林会”。后来范围扩大，分成两个会，以十字街为界，南边的叫南少林，北边的叫北少林。八国联军进攻保定时，部分少林会会员参加了直隶总督廷雍支持下的保定义和拳，在保定南关伏击八国联军的战斗中，奋勇杀敌，多人牺牲。自此，冉庄村人武术健身之风渐衰。20 世纪 90 年代起，镇政府积极支持开展体育活动，全镇 16 个村均修建了专门的健身场所，方便村民锻炼。

医疗卫生 历史上的冉庄镇医疗水平低。中华人民共和国成立前，镇域内有近20种传染病流行。1941年，蒋庄、羊庄等村发生黑热病，重症患者50人，死亡26人。1951年，全县开始培训农村医生。1952年，建立冉庄镇联合诊所。1958年，从冉庄人民公社各联合诊所抽调部分人员在李庄村建立冉庄人民公社中心医院，有医务人员36名。1962年，改称冉庄区卫生院。1971年，改称冉庄地段医院，设内科、外科、妇产科、中医科、放射科、检查科和药房。1972年，公社卫生所改为公社卫生院，坐落在冉庄村东南。卫生院（所）设置了综合门诊室、外科治疗室、注射室、妇科检查室、检验室、X光室等。配备小型X光机、乙种刀包、丙种刀包、显微镜、高压消毒器、简易手术床、无影灯、蒸馏器。1986年，有医务人员22名、房间61间、床位33张。在诊治常见病、多发病的同时，开展疝气、阑尾炎、痔瘘、剖宫产手术等。1978年，各村都办有农村医疗保健站。1986年底，冉庄镇辖区内村村都建起了卫生所，医疗形式多为乡村医生联办和个体医生自办。2017年2月，冉庄中心卫生院被河北省卫计委、省人社厅、省中医药管理局授予“河北省卫生计生系统先进集体”称号。

精准扶贫 2017年，冉庄镇扶贫办对全镇16个村77户建档立卡贫困户家庭收入情况、健康状况、居住情况等进行核查。严格落实各项扶贫政策，以“两不愁三保障”为主线，统筹推进教育扶贫、产业扶贫和医疗保障救助等各项工作，有效解决贫困户生产生活中的困难。2017年，全镇脱贫5户5人。2018年，全镇脱贫44户102人。2019年，对建档立卡未脱贫的28户69人，加大了保障兜底扶贫力度。2019年10月，全镇77户176人全部脱贫。

居民生活

收入 冉庄镇农民收入主要来源为农业生产。1949年，人均收入52元。1953年，农业生产互助合作运动迅速发展，生产条件得以改善，促进农业发展，收入逐年增加。1955年，人均收入达70元。三年经济困难时期，农民收入受到影响，1962年，人均收入仅为35元。1964年以后，农村经济虽有转机，但发展缓慢。中共十一届三中全会以后，随着农村家庭联产承包责任制的实行和乡镇企业的发展，农民人均收入逐年增长。1979年，人均收入59元。1982年，人均收入108元。1984年，人均收入351元。1987—1994年人均收入徘徊在550～1200元。1995—2001年人均收入增长较快，为1800～2900元。2002年突破3000元。2010年为8000元左右。2018年为16060元左右。

消费 中华人民共和国成立后，随着农民收入的不断增加，消费水平也不断提高。1949 年，人均消费 55 元。中共十一届三中全会以后，随着收入的不断增加，用于消费的开支也相应增加。1978 年人均消费 122 元。1987—1994 年为 400 ～ 900 元。1995—2001 年为 1300 ～ 1700 元。2010 年为 7000 元左右。2018 年为 13500 元左右。消费结构变化明显，除吃、穿日常消费外，家用电器、房屋装修、出行、通信工具以及教育投入，成为农民开支较多的项目。

出行工具消费。过去，冉庄镇居民出行工具基本是马车、驴车以及后来的自行车，自行车未普及前甚至基本以步行为主，如果需要乘坐汽车、火车，则需要到保定—衡水公路乘坐长途客车。自 20 世纪 80 年代起，冉庄镇居民出行工具变化最为明显。20 世纪 80 年代之后，除自行车得到快速普及外，小型拖拉机有时候也成为出行代步工具，摩托车开始进入首先富裕起来的家庭。20 世纪 90 年代，摩托车保有量进一步增加，柴油三轮车替代小型拖拉机作为临时出行替代工具。小轿车开始有少数家庭购买。进入 21 世纪，小轿车数量进一步增加。

房屋装修消费。20 世纪 80 年代初期，冉庄镇居民住房装修的很少。有部分城镇居民室内装有石膏天花板，农村屋顶用细线编成网格，上铺纸张，俗称“吊顶子”。这个时期城乡居室内墙壁都是白灰墙，俗称白灰罩白。室内普遍还是黏土地面，没有地板，到了 20 世纪 80 年代中期，开始铺砖，即所谓的“砖墁地”。20 世纪 90 年代后，开始

二十世纪六七十年代运输、出行的工具马车

铺设瓷砖地板。到21世纪，室内装修材料日益复杂、考究，装修后房屋美观程度及居住舒适性大大提升。20世纪80年代，房屋外墙基本不装修，红砖暴露在外，水泥勾缝。20世纪90年代后期，房屋外墙开始抹水泥，有的刷涂料，有的粘贴瓷砖。

通信消费。20世纪80年代初，只有极少数家庭有能力安装固定电话。1986年，清苑县39个乡镇全部通电话。1995年，冉庄镇实现村村通电话。20世纪90年代初，少数人开始使用手机。到2004年，手机已经成为多数人的日常随身用品。2018年，全镇几乎每个成年人都置有手机。

日常用品消费。中华人民共和国成立初期，冉庄镇居民生活用品由手工制品逐步转向机械制品。瓷盆、暖壶、雨鞋、雨伞、马蹄表等商品在家庭中日益常见。20世纪50年代后期，条件较好的居民家中购置了缝纫机、收音机。室内家具多为木柜、方桌、方凳。20世纪80年代以后，居民用的越来越讲究，缝纫机、收音机基本普及。年轻人结婚，电视机、录音机、洗衣机取代了自行车、缝纫机和收音机等物品。电扇、彩电、冰箱和摩托车等高档消费品开始进入居民家中。

社会保障 1954年，全镇对无劳动能力的孤老残幼实行“五保”政策。20世纪90年代末，全镇逐步建立和完善社会保障制度。1997年2月，启动实施最低生活保障制度。2001年9月，社会生活保障制度逐步完善。2004年12月，扩大社会保障范畴，全力落实农村最低生活保障，对突发事件造成生活困难的给予临时性救助。2019年10月，冉庄镇享受五保政策的共224户227人，有10户10人在敬老院集中供养；全镇享受农村低保政策的共404户689人，基本实现应保尽保。

居住条件 中华人民共和国成立至20世纪70年代，居民住房大多以土坯为墙体材料，人均住房面积约16.8平方米。70—90年代，人均住房面积约23.2平方米，以砖砌房屋、单间并排建设为主。2000—2019年，虽然大部分居民住房还是以平房为主，但楼房数量显著增多，人均住房面积提升至36.3平方米，且改变了单间并排建设的结构，开始流行套间建设，内部装修风格也逐渐开始多样化。

休闲娱乐 中华人民共和国成立前，全镇居民娱乐方式单调，日常多以赶集上庙等作为休闲活动，春节期间娱乐活动较多，以唱戏、花会为主。中华人民共和国成立后，娱乐形式逐渐丰富。二十世纪五六十年代，人们通过劳动竞赛、田间对歌、劳动号子、田间演出等方式，抒发感情。20世纪70年代，听广播、看露天电影成为人们最喜欢的娱乐方式。二十世纪八九十年代，看电视、看录像、上网吧、打台球、唱卡拉OK渐成时尚，还涌现出一批书法爱好者，东马庄村于 20 世纪 90 年代初成立民间书法交流会。进入 21 世纪后，群众的文化生活越来越丰富多彩，全镇 16 个村均建起了文化活动场所，安装了健身器材。群众性文化娱乐活动蓬勃开展，跳舞、扭秧歌、敲大鼓等较为常见。全镇有 60 个舞蹈队，镇、村文化部门每年组织各村舞蹈队参加全区的舞蹈大赛，冉庄村舞蹈队表现最为突出。

冉庄九龙河大桥（2018 年）

红色冉庄

抗日战争全面爆发后，在极端艰难困苦的条件下，中国共产党领导抗日军民开展游击战争，出其不意、巧妙打击敌人，冉庄地道战就是冀中平原军民抗击日军的典范。冉庄村1938年建立村党支部和抗日村公所，组织民兵队及青年抗日先锋队、青年抗日救国会、妇女抗日救国会、农民抗日救国会、工人抗日救国会等群众抗日团体与日军进行不屈不挠的斗争。

冉庄村成规模挖地道始于1942年，彼时清苑县人民武装抗日委员会进驻冉庄，指导村民将民用藏身地道改造成军用地道，筑起各种形式的作战工事和地道口，成为能主动打击敌人的战斗地道网，使整个冉庄村形成了一个地上地下相结合、遍布战阵的神秘村庄，成为一座坚不可摧的战斗堡垒。

全民抗战

护村民团与联庄会

护村民团 1937年9月，清苑县被日军占领，社会动荡、土匪恶霸乘机作乱，烧杀抢掠，横行乡里。为保护生命财产，许多村成立了护村民团。冉庄村护村民团发起人高振远、张森林、刘荣等人推举年轻机警、有拳脚功夫的李九皋为团长，李恒荣为副团长。护村民团规定：凡拥有50亩以上土地的农户或规模相当的商户出资购买大枪一支，雇养兵士一人；拥有25亩以上土地的农户则两户共同出资购买大枪一支，雇养兵士一人；拥有土地25亩以下的只出钱不出人。高振远率先买了一支大枪，村民李连更一次就给民团购买了三支大枪。在他们的带动下，一支拥有28条大枪和50多人的民团队伍很快建成，为维护本地安全起到很大作用。冉庄村民团曾配合联庄会击败清苑县头号兵匪300多人的队伍；曾支援张登，使反动军阀张荫梧大败而归；曾在冉庄村街头打响抗击日军的第一枪，使几百名来冉庄村抢粮的日伪军无功而返。冉庄村民团成立不到一年

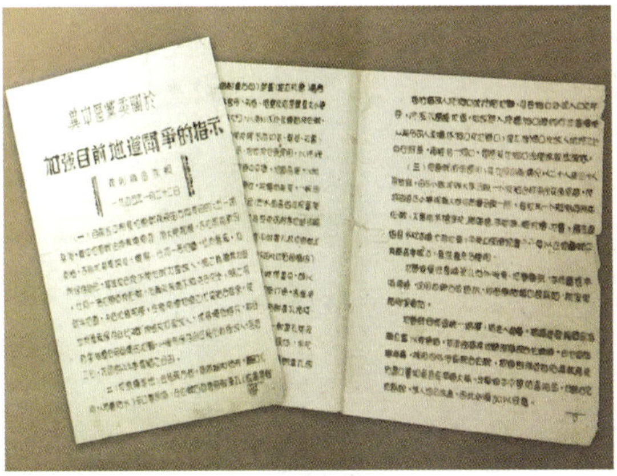

1945年，冀中区党委关于《加强目前地道斗争的指示》

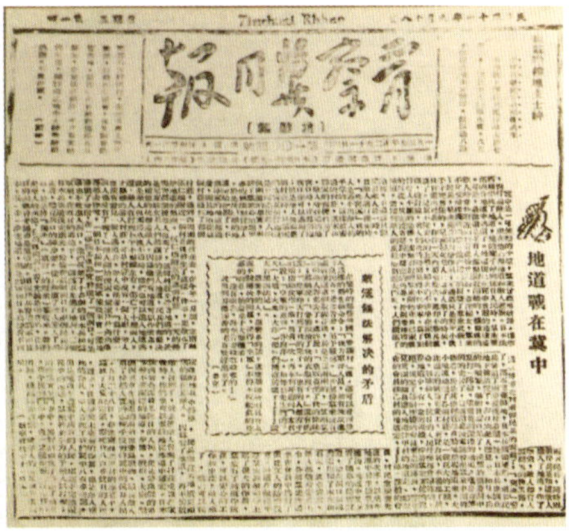

1942年，《晋察冀日报》刊登《地道战在冀中》文章

时间，便改编为冀中人民自卫军第一支队，成为抗日队伍一部分。

联庄会 随着战争形势一步步恶化，到 1938 年 2 月，全县 40 多个村的民团组织和联庄会建立起横向联系，并成立了联庄总会，总部设在西王庄村。同时，按区域划分建立了四个分团，其中西片以冉庄镇为中心，李九皋任团长。联庄总会约定，各民团武装或联庄会平时负责本地、本区域的安全保卫，一旦遇有紧急重大军情，凡是加入联庄总会的必须互相救援，统一指挥。为了扩大影响，联庄总会自称为四十八村联庄会，因为入会的村庄多数在唐河以北，故又称为河北联庄会，队伍人数达 5000 多人，专职武装人员 1000 多人。联庄会成立后不久，被吕正操领导的人民自卫军收编，走上抗日道路。

中共冉庄村党支部 冉庄村于 1938 年麦收时节成立党小组，1938 年冬季正式成立冉庄村党支部。党支部书记张森林、副书记王霞，党支部委员任殿峰、隋雅香、李福生。在党支部的领导下，同时成立了冉庄抗日武装委员会、冉庄农民抗日救国会、冉庄工人抗日救国会、冉庄青年抗日救国会、冉庄妇女抗日救国会，简称“五大会”。村党支部领导“五大会”开展工作，带领全村村民抵制奴化教育，进行锄奸反特，开展地道斗争等抗日救国运动。

1942 年春，日伪军重点蚕食唐河以南的村庄，先后在大李各庄、北王力、罗家营等村修建炮楼和据点，短时间内，全县修筑炮楼和据点 37 处。冉庄村有令日伪军胆寒的地道，有实力较为雄厚的民兵武装，有党支部坚强的领导，经过几次交战，日伪军

冉庄古村落墙壁上的抗战标语（2017 年）

冉庄人民群策群力抗战（冉庄地道战纪念馆画作）

始终没能在冉庄村站稳脚跟。

冉庄“五大会”

冉庄抗日武装委员会 1938年冬季成立（以下简称武委会）。主任李福生。武委会成立后，积极开展抗日救国活动，组建了冉庄19人的游击组，后发展为民兵队。

冉庄农民抗日救国会 1938年冬季成立（以下简称农救会）。主任张增奎，副主任张三喜。农救会成立后，积极组织全村农民开展减租减息活动，宣传“耕者有其

冉庄农民抗日救国会使用过的方木桌（冉庄地道战纪念馆展厅展品）

田”，为贫雇农谋福利。

冉庄工人抗日救国会 1938年冬季成立。主任张金旺。这里的“工人”特指没有土地、给地主打长工的农民。因人数少，与农民抗日救国会一起开展工作。

冉庄青年抗日救国会 1938年冬季成立（以下简称青救会）。主任李连瑞。青救会成立后，积极组建青年自卫队，组织村内年轻人参加训练。李恒木任教练。自卫队员手持29斤重的大刀，在北大寺场院练习劈刀，大唱革命歌曲。青救会为武装抗日储备了兵员。

冉庄妇女抗日救国会 1938年冬季成立（以下简称妇救会）。第一任主任王霞。妇救会带领妇女跟男同志一样站岗放哨、割电线、炸桥梁、抬担架、送军粮、运弹药、挖地道，参加地道战。1940年，王新娥、李吉尔、李桂芬、李秀芬、张景芝和王秀英等妇救会成员为部队送军粮，她们钻哨卡、爬铁路，冒着敌人的枪林弹雨，把粮食送到太行山区根据地。因为妇女们任务完成得好，上级又交给妇救会第二个任务：秘密送信。上级来了指示，无论白天黑夜，刮风下雨，她们都立即动身，冒着生命危险把信件秘密送到目的地。敌人来时，妇救会的干部们安排群众转入地道等比较安全的地方。环境虽然残酷，但妇女们的抗日活动异常活跃。在薛庄战役中，妇女们照样抬担架，照顾伤员。抗日战争胜利后，妇救会的任务更加繁重，既要组织妇女学文化，还要对成员进行爱国主义教育。

在抗日战争和解放战争中，王霞、任多胜、李秀芬、李桂芬、李吉尔、王秀英、张景芝等先后担任冉庄村妇救会主任和主要干部。

冉庄民兵中队

冉庄村民兵中队的前身是村抗日游击组，成员大多是贫苦人家的子弟，加之当时村里的抗日政权尚不健全，没有可靠的支撑，不仅缺少枪支弹药，有时连吃穿都成问题，队员们的积极性受到挫伤，有的队员甚至情绪低落暗自退出。为保护和发展这支抗日力量，张森林等先进分子找到村公所干部，探讨解决的办法，赢得村里的支持。一方面求得护村民团的帮助，另一方面组织游击组开展反“黑地”斗争（“黑地”指富户们为少交钱粮故意隐瞒的土地），王振禄带领全体队员挨家挨户进行说服教育，对主动承认瞒报并及时补缴应缴公粮的不再追究；对继续瞒报的，重新对其土地进行丈量核实，多出的部分加倍处罚，所得钱粮全部归游击组支配，用于购买枪支弹药和生活补贴，基本保障了游击组健康发展，为后来组建民兵队伍打下了基础。

1939年初，张森林看到时机已经成熟，便与高振远、王玉龙等人商议，决定把之前的抗日游击组和护村民团被收编后滞留的成员合并，成立民兵中队，一支 40 多人的民兵队伍很快组建起来。不久，以李桂芬为首的 7 位姑娘冲破束缚，加入民兵组织。张森林任命李恒木为民兵队长，下设 5 个班，李桂芬等 7 位姑娘单列为冉庄村女民兵班。

冉庄民兵中队成立后，急需解决的是枪支弹药和正规训练等问题。这些手上长满老茧的农村汉子们，大镐铁锹舞弄起来头头是道，突然间拿起长枪短炮与凶暴残忍的日军面对面搏杀，其间的转变是艰难的。男民兵分为 4 个班，分别驻扎在村内四个不同区域，总部设在村公所，女民兵班距此不远，训练时集中起来，地点大多在村南三官庙前小广场上，每天号声嘹亮，杀声不断。

一天深夜，三班驻地放哨的民兵听到旁边农户家有响动，不知原因，大喊了一声，惊醒了刚刚入睡的民兵班长李洪林，他迅速跳下炕，没来得及穿上衣服，跑出门外便开枪射击，其他班的民兵也被惊醒。民兵们有的赶忙穿衣服，有的高声呼唤同伴，有的拎枪冲出门追击，场面一片混乱。天亮后，经过核对才发现是一场误会，损失了不少子弹，所幸没有人员伤亡。民兵中队及时调整训练思路，从出操到队列，从瞄准到射击，从转移到掩护，从进攻到撤退，每个环节每个步骤都贯穿到训练中，训练地点也由平坦的广场扩大到农户的房顶、水塘的周边以及村东南的坟地，强度一天天加大。与此同时，清苑县武委会也时刻关注冉庄民兵队伍建设，多次派副主任、指导员乔军到现场指导。

在训练过程中，由于枪支数量有限，有的民兵几个月下来甚至没有摸过一次枪，一旦真的发生战斗，简直不敢想象。乔军动员大家想办法解决。民兵集思广益，还真的想出了个“高招儿”。由于平汉铁路距离冉庄村不远，之前民兵曾配合主力部队破坏敌人的交通线和通信线，对敌情了解，熟悉路径。于是，他们再次摸到平汉铁路，趁夜深敌人松懈时，扒掉铁轨、枕木，割断电线偷偷运回村里。铁轨电线送到县兵工厂，换回枪支、手榴弹和地雷外壳，地雷外壳经过简单加工，便制成消灭敌人的武器，加上几次配合主力部队作战分得的战利品，冉庄民兵的武器装备逐渐达到全县一流水平。有了严格的训练和充实的装备，冉庄民兵的整体素质一天天提高，作战技术一天天成熟，为日后抗击日军、创造地道战奇迹提供了有力的保障。

冉庄民兵名录　游击组成员名单（19 人）：赵金刚、张孟宇、王振禄、李恒元、李大龙、李恒木、李春来、李贵喜、李顺、王雪尔、周文治、张金旺、李登山、高志、隋振国、李庆云、刘景发、张金池、李连柱。

民兵中队成员名单（41 人）：李恒木、王雪尔、王振禄、高志、李庆云、刘景发、

年画后面的地道口（冉庄地道战纪念馆展厅照片）

梁连恒、张炳奎、王洪儒、张德林、李明贵、王响义、王九福、张永全、李贵勤、李九海、王进茂、王栓子、李正月、李洪林、刘大雨、李恒彪、王龙江、李龙喜、李奉和、李连更、李冬至、李金龙、刘德水、李恒书、刘景春、王全、王群、高老白、王春福、任老久、王德全、张大水、范老白、李林、高连水。

女民兵名单（7 人）：李桂芬、李秀芬、王秀金、王新、李吉尔、李瑞芝、李焕金。

1947 年，冉庄村土地革命中参加民兵名单（6 人）：王树、王秋田、张会、高振峰、梁学锦、李学贤。

抗日战争、解放战争时期民兵队长：李恒木。

冉庄儿童团 冉庄儿童团成立于 1939 年。虽然当时全村干部群众抗日热情高涨，但有些富裕户担心自家财物不保，又不敢公开较量，便不断地在暗中使些手脚。有些富裕户利用儿童团员年少幼稚，不仅阻挠自家孩子参加活动，还对其他孩子哄骗利诱，致使不少孩子纷纷退出儿童团。中共冉庄村党支部发现这个苗头后，决定巧斗这些落后分

冉庄儿童团站岗放哨时使用的红缨枪枪头（冉庄地道战纪念馆展厅展品）

子。经暗中调查，发现哪个富裕户逼迫自己的孩子退出了儿童团，就组织全村儿童团员到哪家轮流吃饭，伙食标准是当时最高最好的白面烙饼摊鸡蛋，直到对方服输为止；对诱骗其他孩子或造谣生事的富裕户，要求每户给儿童团员制作木枪不少于 20 支。经过一番较量，孩子们纷纷回归团队，随着队伍的壮大，团员们的热情更加高涨。他们扛着枪站岗放哨，一时成为全县的榜样。

地道奇观

冉庄地道最初主要是民用地道，用于储物、藏身，洞体与若干水井相连，以便于排水、取水、通风、除烟、排湿。后经延伸和改造，发展为可以主动防御和歼敌的军用地道，通过与地道相连的高房工事、地堡街垒及烧饼炉、碾子、柜台、庙宇等工事构成的火力网巧妙制敌。所有地道均具备“三通”功能，即高房、地道、院落相通；具备“三堵”和“三交叉”特点，“三堵”即堵街口、堵门口、堵窗口，“三交叉”即明枪眼和暗枪眼火力交叉，高房和地堡火力交叉，地堡和墙壁火力交叉；具备“四好”和“五防”功能，“四好”即好钻、好打、好藏、好跑，“五防”即防水、防火、防烟、防钻、防破坏。地道内设指路牌、照明灯、休息室、储粮室、地下兵工厂、囚笼、陷阱、翻板等，

地道内景（2005 年）

地下休息室（2005 年）

洞下有洞，洞中含洞，相互连接，各具神通，进退自如，能打能藏。

地道演变过程

纵观冉庄地道的发展，大致经历了三个阶段。

单口洞藏身阶段　1938—1940 年。1938 年下半年，日军对清苑县连续“扫荡”，各地中共党组织和武装力量被迫分散开来，转入地下秘密活动。张森林和党员们分散躲藏在村外的“青纱帐”里。张森林躲藏在冉庄村南李家的高粱地半个多月，靠吃生玉米和生红薯度日。秋天过后，张森林转移到隋家坟地里继续躲避。一次，张森林趁着月光，探察外面的动静，影影绰绰瞥见冉庄村南九龙河堤旁三个土堆。这三个土堆是村里人多年清理九龙河道慢慢堆起的，高过常人的两倍。秋收过后，农户把玉米秸、高粱秸靠在上面晾晒，后来又在土堆上掏了几个浅浅的洞，临时存放红薯、土豆、玉米等。时间一久，加上兵荒马乱，农户再也不敢往洞里放东西了，最后成为孩子们捉迷藏、打土仗的地方。张森林让联络员通知分散躲避的几名党员秘密到隋家坟地开会，分析当前形势，探讨安全过冬的办法。党员们个个脸颊消瘦，头发蓬乱，张森林先是安慰大家，随后把自己的想法说了出来。按张森林的想法，把土堆上的洞再挖高挖深，人躲在里面，洞口用玉米秸和高粱秸挡住，既暖和又安全。大家顾不得身心疲惫，让联络员拿来工具，连夜动手干起来。土堆上的洞很快挖好，并做好隐蔽处理，既暖和又严实。后来，负责给张森林送饭的王香亭多次看到洞口的玉米秸和高粱秸缝隙总有一股股白气往外冒，她把

民兵在地道中转移（冉庄地道战纪念馆展厅照片）

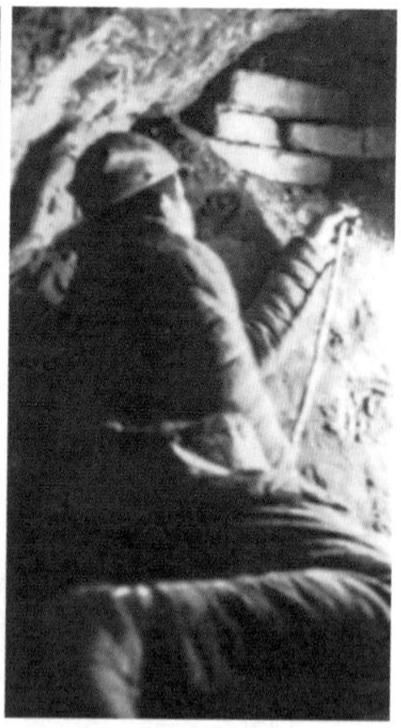

民兵在地道内设置地雷导火线（冉庄地道战纪念馆展厅照片）

这一情况告诉了张森林。张森林不由得惊出一身冷汗，他和党员们沟通后决定回到村里寻找更好的解决办法。

张森林回到村里后，躲避在之前多次藏身的自家的菜窖里，顺着村南土堆挖洞的思路，张森林发动家人帮助在菜窖的底端掏挖出一段地洞，人在里面能够简单活动，洞口平时堆砌白菜遮挡，就这样，冉庄村用于藏身的“第一洞”出现了。该“洞”与杨成武在回忆录《冀中平原上的地道斗争》中记载的情节是一致的。

多口洞防御阶段 1941—1943 年。冉庄最早的多口洞出现在高振福家。高振福家有个地窖，原本是存放粮食的，在“藏身洞”的基础上，高振福把地窖扩宽加长，在里面盘了条小炕，可以挤两三个人，放上小桌，点上油灯，还可以看书写字。高振福在地窖挖了三个出口，其中一个出口通往村东面的苇坑边，遇有紧急情况，打开洞口就可以钻进苇塘。张森林觉得高振福家的地窖隐蔽性好而且能藏能跑，于是，他跟高振福商量，动员人们多挖这样的地窖。张森林带着村干部到高振福家参观，随后又商量进一步改造地窖的办法。接着，村干部带头悄悄挖起新型地窖，不长时间，全村就挖了近百个新型地窖隐蔽所。冉庄人民对地道的创新得到上级支持，清苑县人民武装抗日委员会（以下简称县武委会）领导到冉庄指挥，对原有的地道进行根本性改造，一是连通各家各户地道，使之形成网络；二是因地制宜完善地道防御体系，提升地道的自卫能力。全村老少齐动员，边战边挖，边挖边改，根据战争的需要完善结构功能，初步形成了户户相通，既能隐蔽又能转移的作战地道网络。

地道网作战阶段 1944—1945 年。1944 年冬，中共清苑县委得到可靠情报，日军策划调集兵力再次进攻冉庄村，企图拔掉冉庄村这面抗日红旗，在冉庄村修建中心据

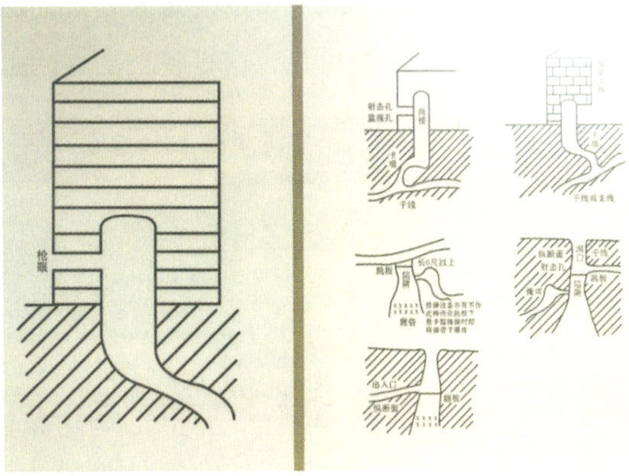

抗日战争时期冀中地道堡垒构造示意图

点，与张登、白团据点构成三角之势，相互呼应，从而达到控制唐河以北保南大部地区之目的。为粉碎敌人计划，县委在北王力村召开紧急会议，经过分析形势，确定用深入开展地道战的斗争形式，粉碎敌人新的“碉堡政策”，用地道战同敌人争夺冉庄村，并决定从公粮中拨出3500千克小米，补助开挖地道主干线的群众。之后，县武委会搬进冉庄村，组织动员全村干部群众一齐动手，经过12个昼夜苦战，以村内十字街为中心，向东、南、西、北挖成4条干线地道，东西支线11条，南北支线13条，共24条支线地道。全村450户，地道口405个，其中用于作战的地道口30个，其他地上作战工事140处。地道结构复杂，设计巧妙，有总指挥部，还有防毒设备和翻板陷阱。地道作战工事包括设在各路口房屋上的高房工事、建于地面上的地堡和建在小庙、碾台、柜台、墙角、墙根、暗室等处的地道口工事或射击口。除此之外，沿着大街小巷的墙壁上均设有暗枪眼，由此形成了一个十分隐蔽的立体作战网。同时，挖通两条连村地道，一条通村东北1.5千米的姜庄，一条通村西2.5千米的东孙庄；增加了两条突围地道，一条通往清水河岸，一条通往村东南的隋家坟。此外，还挖成总长达15千米的交通沟和长达7.5千米的护村沟。其间，日伪军为实施建据点的计划，数次攻打冉庄村，均被抗日军民迎头痛击，占领冉庄的阴谋未能得逞。经过改造后的冉庄地道总长约16千米，纵横交错，四通八达，主动进攻作战功能和协同作战能力大大增加，真正形成了进可攻、退可守的战斗型地道体系，使无险可守的冉庄村成为坚不可摧的战斗堡垒。

地道工程量 冉庄村地道总长约16千米，地道宽0.7～0.8米，高1～1.5米。挖成这样的地道，耗费了多少人力、物力，限于当时的条件没有详细记载。杨成武在《冀中平原上的地道斗争》中写道：“冀中的地道加起来究竟有多长，没有精确的统计，据估算，到1944年底，大约有25000里长。我们以挖3尺长为1个工计算，挖这些地道则需要12500000个工，可见，这是多么浩大的工程啊！此外，挖地道时还需要很多的工

挖地道场景演示　　冉庄地道战纪念馆　提供

民兵挖地道使用的工具（一）(冉庄地道战纪念馆展厅展品)

民兵挖地道使用的工具（二）(冉庄地道战纪念馆展厅展品)

具，如筐子、锄头、镐、铣，特别是点灯用的油等等，每村的开支款项均在万元以上。”照以上推算，冉庄地道用工总量应超过 16 万个，落实到具体农户，每户平均挖地道将近 400 米，用工达 400 多个，还不包括修筑各种作战工事和各类作战设施时人力物力的耗费，这对于一个 450 户 2000 多人口的村庄来说，工程量是巨大的。

冉庄大规模构筑地道主干线及沟通各支线是在 1944 年冬，地道指导委员会给每个家庭都分配了任务定了指标，要求每位成年人每天掏挖地道不少于 0.2 米，工具群众自带一部分，村里筹措一部分，有镳铲、铁锹、篮子、簸箕、短把儿小镐等。腊月地冻天寒，工具极易损坏，村里把铁匠、木匠、编筐手艺人组织在一起，成立了工具维修小组，随时修理损坏的工具，使挖掘工作不受影响。县武委会干部顶着刺骨寒风，把办公地点搬到临街的高房上，现场研究，现场指挥。全村人都参与进来，有的村民怕影响挖掘速度，脱掉棉衣，身穿单褂钻上钻下，有的村民脚趾被砍伤，简单包扎后马上回到工作现场，有的村民怕回家吃饭耽误时间，把凉水罐子、玉米面饼子、菜窝窝头带到现场边吃边干，有的村民推一车土就能完成任务却坚持推两车。挖地道不仅是男人们的事，其间有许多妇女也参与进来，一位是张春莲，一位是高琢，还有王九福的老伴。她们没有任务指标，却偷偷地混进挖地道的队伍，与男人比着干，让人感动。

挖地道有付出有牺牲，但也不无乐趣，冉庄村老民兵李恒彪在《烽烟岁月》一书中写道：“掏挖地道使人最高兴的时刻当数两组对掏即将打通，相互听到对方掏挖的镐头咚咚响的时候。这时两组的人都使足劲抡圆镐头，想一镐下去就凿出个大窟窿来。一旦两组打通，两组的人隔着窟窿相望尽情地哈哈大笑，如同战场上胜利会师。有时高兴地拍手唱起抗日歌曲，以欢笑和歌声来庆贺。这种欢快的心情，没有掏挖过地道的人是体会不到的。”

地道技术环节

冉庄地道是冉庄村民辛劳与智慧的结晶。挖掘地道有许多技术环节，冉庄村民都处

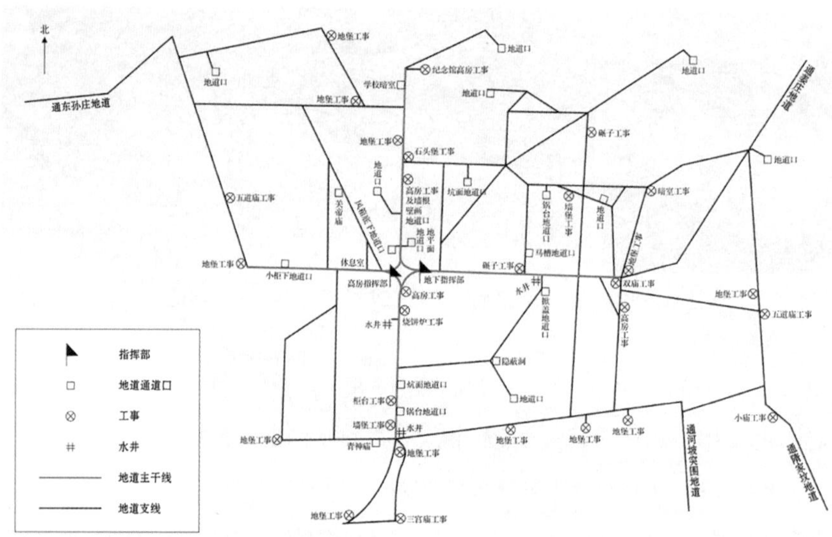

冉庄地道主要干支线分布示意图

理得十分巧妙。

地道通风　冉庄地道主干线的通风主要靠水井地道口。全村有13眼水井与地道连通，仅东西、南北4条主干线地道连通的水井就有6眼。水井地道口隐蔽性强，通风量大，保证了地道内空气正常循环流动。

地道支线均沿着小街小巷通向各家各户，为修筑隐蔽的通气孔提供了便利条件。除部分水井通气口外，很多通气孔都设置在不容易被人发现的猪圈旁、厕所旁、墙根壁、柴火垛旁、碾棚内、牲口棚内、红薯井、白菜窖等地方。其中布置最为科学、设计最巧妙的是梁连恒家的地下兵工厂排气孔、楼角夹壁墙透气孔、福兴恒杂货铺货架通气孔。夹壁墙一般修筑在屋内，上通高房工事，下通地道，靠近地面的地方有出入口，空气可上下贯通流动；杂货铺来往人员多，货架高而长，内藏多个气眼，易于排放地道里的湿气。同时，冉庄村内地道与村外地道相互连通，两条连村地道和突围线经过的坟地、树林、河坡等处设有隐蔽的地道口，平时用玉米秸、高粱秸、杂草遮蔽，也能起到一定的通风作用。粗略统计，抗日战争时期冉庄地道有各类通气口和通气孔160余处，较好地保持了地道内的正常通风。

地道网络的“曲”“直”度　冉庄地道的规模大，这与巧妙处理地道的曲与直的关系密不可分。该挖直的地道如果偏离方向，相互交叉，不仅迟滞挖掘速度，白白浪费人力物力，还会给群众带来心理压力，甚至造成人员的伤亡。冉庄村挖地道最忙时每天几

地道内景（一）（2018 年）

地道内景（二）（2018 年）

百人参加，分成几十个小组，多个地点同时动工，虽说事先已做好安排，刚开始时还是出了不少差错，地面的工作人员容易把握分寸，地下掏挖的人员工作时则困难重重，没有仪器，仅凭个人判断，很容易迷失方向。后来，县武委会和村里的地道指导委员会成员分头到各个施工地点，和大家一起边干边琢磨，想出了很多的土办法，既实用效果又好。技术人员在东西、南北大街和其他宽阔的街道，提前把尺寸测量好，每隔 10 米或 20 米左右打一个竖井，同时开出多个坡道出土口。班组分别下入竖井，相向掏挖，挖通后用檩木和玉米秸、高粱秸、小麦秸蓬实蓬严，做好伪装处理，路面恢复到原来的模样，外人很难看出破绽；狭窄的街道和胡同，每隔 5 米左右从地上向地下用钢钎打眼，地下的工作人员顺着钢钎打过的痕迹掏挖，几乎没有偏差；地道通过的上方有门洞、院墙、院落、庙宇、树木等活动狭窄的地方，由专人在地面上不停地敲击，地下的工作人员顺着声音掏挖，地道挖掘工作顺利完成，地面上建筑物也不会受到损害。

地道的弯曲有些是因地形而成，更多的则是战术的需要。在距离地道出入口较近的陷阱、翻口、跳板等处故意留有死角，容易诱使敌人掉入其中，轻易地将其消灭。在距离较长的主干线和支线上，修成一定的弯度，该直则直，需弯则弯。不易修弯的地方，则多掏挖掩体，目的是敌人一旦进入地道，民兵能够迅速避开和还击，最大限度地减少和避免人员伤亡。

地道防水 抗日战争时期的冉庄地道是根据作战形势的需要边战边挖边完善的，防水的基本思路就是让地道洞口尽量远离低洼处。靠近街道和院落的出入口、通气孔、枪眼大都高出地面半米以上，没有特大雨水是不会轻易灌进水的，局部渗漏的雨水由与地道相通的 13 眼水井解决了去处难问题。通向九龙河突围线的地道口，洞口平时是封闭的，避免了河水倒灌。

处于低洼地带的地道口、通气孔和暗枪眼，村支部组织民兵和群众分段看护，平时准备好高粱秸、玉米秸、柴草、木板、铁丝、麻袋等，雨水来临之前先行堵上，雨水过后再扒开。地道管理虽然比不上挖地道艰苦，但一点儿也不轻松，需要经常下入地道巡视，巡视的重点是各类出入口、老鼠洞以及靠近河坡的地方，发现老鼠洞必须及时堵死。出入口多靠近建筑物，容易部分脱落，松软的地方提前用砖瓦木料进行加固支撑。到了雨季，管理小组的十几个人根本忙不过来。

地道防水大量工作是在 1956 年以后做的。1956 年，冉庄地道战遗址被河北省人民委员会公布为省级文物保护单位。此后，冉庄地道战遗址保护从人力到财力都有了较好保证。冉庄原有的地道是土质的，对游客开放的地道近 3000 米，为保证游客人身安全和文物安全，大都经过了修复加固。供游客体验的几百米土地道，是仿照古建维修的先进技术进行修复的，牢固程度不亚于砖石结构。当然，构筑地道时事先采取的预防措施同样功不可没。

地道照明和卫生 20 世纪 30 年代，蜡烛虽然已经流传到农村，但数量极其有限。冉庄地道里的照明燃料更多的是用棉籽油，当地俗称“黑油”，还有就是过年杀猪后自炼的猪油。地道里照明工具的摆放，就是在地道壁中间偏上的地方挖出一个小耳洞，每个耳洞之间距离 10 米左右，然后把油灯放在里面。

据王进茂老人回忆，冉庄地道使用的灯具数量多，有的地方就用破铁罐和老百姓扔掉的破碗，里面装上油，放上棉花搓成的灯捻儿，点燃后就可照明。灯油有老百姓主动捐赠的，也有村里集体购买的少量的“洋油”（即煤油）。灯碗远远满足不了抗战需要，逼得人们想了很多土办法，最早想出办法的是民兵一班班长李洪林。一年夏天，他带着一班的几个民兵从村南的高台儿、坟地里以及唐河岸边采来一捆一捆的茅草，晒干后搓成一根根的小绳，在蜡浆和猪油里浸泡一段时间，每位民兵配备一小把，用时抽出一支点燃，被称为“土造电筒”。由于“土造电筒”黑烟太大，影响视线，后来就不用了。

冉庄民兵在地道内使用的马灯、油灯、蜡台（冉庄地道战纪念馆展厅展品）

那时已经有了马蹄灯，民兵们想方设法弄来几盏，只有执行特殊任务时才使用，平时由地下指挥部和通讯员保管。

地道里的卫生同样不可忽视，大量人员进入地道，随意扔放垃圾、杂物，随意大小便，不仅影响地道里的正常秩序，更重要的是影响战斗人员的情绪。冉庄的军用地道都在空气畅通的地方修建地下简易厕所，战斗结束后，地道管理人员迅速把脏物运回地面，保持地道里的干净。民用地道里除修有简易厕所外，地道的岔道处提前摆放马桶、坛子、罐子等，并在旁边堆放一些松土，人们方便后随即加以敷埋。

地道“通话”　冉庄地道里的“通话”主要依靠通讯员和麻绳、广播筒、土电话传递信息。民兵把蓖麻秆皮搓成细绳系在地道主干线上，连接指挥部和各个作战地点，沿途用铁钩儿固定，连接点以及地道转弯处套上铁环，避免长期摩擦断掉。指挥员紧拽麻绳三下是敌情紧张，立刻投入战斗，缓缓拉动三下是敌情解除，撤离战场。情况稍微复杂点的信息，诸如诱敌、设伏、进攻、转移、撤退等则依靠通讯员传递。通讯员选配要求身材瘦小，眼睛敏锐，行动灵活。战事来临时，大都布置在地道主干线的拐弯处，作战指令彼此之间口口相传，就像现在的接力赛，十分畅通也十分及时。

地道里的吃喝　地道里的吃喝既要顾及全村村民，还要考虑食物的存放期限，同时兼顾仅有的财力物力，并做好长期备战的打算。地道里准备的食物多是就地取材，品种以能生吃的为主，有小麦、红薯、萝卜、大白菜、花生饼，也有少量的炒黄豆、炒黑豆、大枣、花生、芝麻等。这些食物一部分是群众捐献的，另一部分是村公所统一购买

冉庄民兵在地道内使用的广播筒和土电话（冉庄地道战纪念馆展厅展品）

的。根据食物品种的不同，分别储存在不同的地方。由于地道里潮湿，管理小组十几个成员必须经常下入地道检查，发现腐烂的红薯、萝卜和大白菜及时清出，小麦隔一段时间就要晾晒。而最令地道管理组头疼的还是老鼠，老鼠四处挖洞，偷吃灯油和食物，工作人员想方设法进行捕杀，避免食物遭受损失。地道里吃水不用愁，村内有 13 眼水井与地道相通。

地道保密工作　冉庄村刚开始挖掘地道时只有少数抗日骨干参与，都是瞒着他人甚至家里人，在夜间秘密进行。随着战争形势的不断发展和变化，地道挖掘逐步半公开和公开，村党支部为保密工作下了很多硬功夫，重点是从除奸反特入手，及时打掉敌人的耳目，切断敌人信息源。保密工作更多的是依靠全村广大群众，除了民兵设立固定哨和临时流动哨以外，村党支部还组织妇女儿童在各个路口和重要场所昼夜轮流站岗，严格盘查来往人员，其中儿童团功不可没。

地道出土方法　最初挖地道采用竖井用辘轳向上提土的方法，后改为坡道后退一步用铁锨直接出土，后来逐步探索出沿地道走向多口出土的方法，挖掘方式和出土方式大大改进，提高了挖掘速度，每人每天的进度由 0.2 米一下子跃进到 1.6 米。在村党支部领导下，冉庄的地道越挖越快，越挖越好，越挖越有窍门，越挖越有经验。挖好的地道主干线和支线布满全村的街道和住户，通往各地堡暗室的作战工事路线更合理，通往村外的两条地道突围线远近合适，出入转移更加方便。

地道出土的处理　冉庄村刚开始掏挖地道时，涉及范围小，出土量少。掏挖者把挖出的土放到自家猪圈里，沤泡一段时间再从猪圈里起出运到田地里当肥料使用，不易引起他人的注意。1940—1941年，地道规模逐步扩大，出土量增加，猪圈已经不能完全消纳，人们便就势垫在自家院落里，经过简单碾压不留下新土痕迹。随着构筑地道工作的逐渐公开化，特别是县武委会搬到冉庄村后，全村干部群众都参与进来，挖掘地道出土量猛增。为解决出土问题，干部们把会场搬到十字街的高房上，便于观察全村地形，指导地道出土处理。冉庄村修建房屋的习俗是街道和院落地势较低，房屋高出地面很多，目的是防范洪水，保持屋内干燥。冉庄自古十年九涝，泛滥的洪水涌进院落，却很少流进屋里，这是人们多年积累的经验。把成堆成堆的土分别撒在街道和各家各户的院落里，不仅加快了工程进度，还节省了许多人力物力，地道出土问题得到了解决。后来参观者走在冉庄保护区内的大街上，看到的是各家各户的院子与屋内基本持平，这就是当年地道挖出的土垫高而形成的。地道的出土还有一部分运到村外的护村沟旁和村东北的大水塘中。

融入环境的地道口　冉庄的地道出入口多依托店铺、庙宇、院落的格局以及河道、坟地等自然地形，巧妙地布置和伪装，典型的有关帝庙地道出入口、柜台地道出入口、马槽地道出入口、地平面地道出入口、锅台地道出入口、炕面地道出入口，等等。这些出入口各有各的特点。诸如关帝庙神像前地道口和柜台地道口等设在人们活动较集中的地方，这类地道口便于人们在情况紧急时迅速转入地道。关帝庙神像前的地道出入口，村民平时在上面摆上供案烧香祭拜，外来人员很难看出破绽。“南店”的柜台地道出入口和李连池家碾棚地道出入口基本类似，柜台上下常常摆满各种出售的货品，碾棚里常

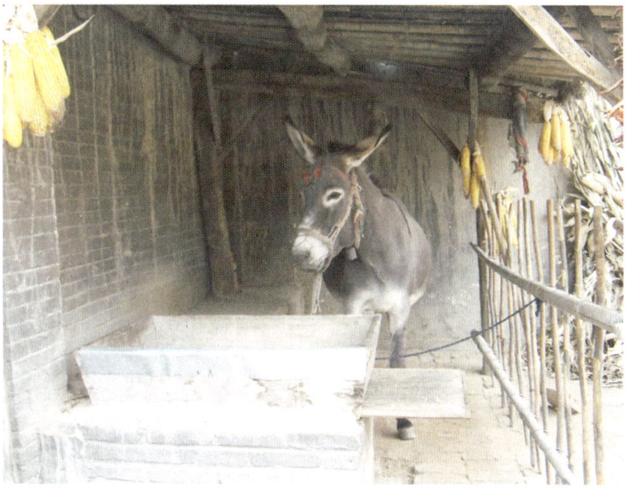

马槽地道口（2005年）

年堆放陈年谷物，不知情的人很难找到。马槽地道口和地平面地道口等则属于另一类，开闭自如，灵活多变。马槽地道口位于李恒奎家的南屋，底部是一块可以随意抽动的木板，平时闭合木板，上面放上草料喂养牲口，一旦有战斗发生，民兵可随手抽开木板，顺利转入地道。地平面地道口是地下指挥部通向街面的重要通道，墙根壁有地道与地面相通，出入口用木头做成可以滑动的板子，板子上面钉满整齐的砖头，看上去与地面相似，战斗人员上下可以自由推拉，地道口可以随时打开和关闭。当然，地道出入口也有故意暴露的时候，却是为了引诱敌人，消灭敌人，在情势万不得已的情况下进行。

冉庄地道出入口还有许多与人民群众的生活紧密相关，这类地道口大都设在屋内，有锅台地道口、炕面地道口、衣柜地道口等，便于群众迅速撤离。其中设计最巧妙的是锅台地道口，那时老百姓通常把锅台建在堂屋的东侧或西侧，锅台灶底与里屋土炕相通，做饭的同时利于冬天取暖，人们把灶膛与地道贯通，然后把石板放在与地面持平的地方，可随意拉动，既不影响日常生活，还能在作战时达到突袭的效果。

各类工事

地下工事、地上工事和地下地上结合的工事，构成冉庄地道战攻敌御敌的有效系统。敌欲打我时不见踪影，而我可随时随地毙敌。整个冉庄村形成了一个地上地下相结合的、遍布神秘战阵的神秘村庄。

地上工事　抗战时期，冉庄村共构筑各类地上作战工事140余处，其中高房工事8处，暗室8处，庙宇工事6处，碾子工事2处，烧饼炉工事1处，柜台工事1处，地堡

民兵利用战斗间隙抢修高房工事（冉庄地道战纪念馆展厅照片）

地平堡工事（2022 年）

114 处。经过探索和改进，冉庄地道的作战体系基本形成了地下、地面和空中“三位一体”的格局，即地道、地面工事、高房工事相互连通，互相配合，遥相呼应，编织成立体交叉、纵横交错的火力网。东、南、西、北四个主要街口均筑有厚约 1 米、高近 2 米的街垒。各条街道和小巷根据不同的射击方向筑有地堡和暗室。冉庄村东片以双庙工事、碾子工事、观音庙地堡、高家街地堡为主，村南片以三官庙工事、南店柜台工事、烧饼炉工事、青神庙工事、青神庙地堡为主，村西片以五道庙工事、西口暗室、张金乱房后地堡、李恒忠门口地堡为主，村北片以学校暗室、石头堡工事、楼角地堡、老母庙工事和老母庙地堡为主；冉庄的上空则依托屋顶面对主要街道筑有高房工事多处，有李德耀家临街房顶作战工事、北店店铺房顶作战工事、李景春北房房顶作战工事、梁家高房工事、张廷赞家高房工事、楼角高房工事、十字街高房工事、村公所高房工事、张景

双庙工事（2005 年）

烧饼炉工事（2005 年）

芝家高房工事、王霞家高房工事、李连瑞家高房工事。

作战工事和爆破是地道战的两把利剑，没有作战工事则爆破难以达到最佳效果，没有爆破则作战工事成为摆设，当时人们最常用的爆破方式就是埋设地雷。冉庄村采取“平战结合”的战术，无论是平时还是发生战斗，都把地雷作为最重要的辅助手段。平时埋设地雷主要是应对紧急情况，全村干部群众都知道埋设地点，目的是避免意外伤亡。到战斗发生时，地雷埋设的数量大大增加，不仅在村外敌人通常经过的道路、沟坡、树林和村内的院落、门洞等处布雷，还特别在庙宇、暗室、地堡等工事周围分梯次埋设，使敌人未见到我方人员的影子，便付出惨重的代价。

地下设施　地下设施分军用和民用两种，但以军用为主，用于生产储备武器弹药，打击消灭进入地道的敌人，防止敌人放烟、放毒、放水等破坏活动。典型的有地下指挥部、地下兵工厂、弹药库、地下医院、陷阱、翻眼、囚笼、卡口、储粮室等。民用设施主要用于群众休息和转移。这些设施是地道网络的重要组成部分，根据不同的功能设在相应的位置，与地道出入口、地面作战工事上下连通。

地下指挥部设在十字街中心，面积近 20 平方米，为规避大槐树的根脉和主干线的连通，呈不规则的三角形，上能通到高房工事查看战况，下能迅速到达各个战斗地点部署任务、传达指令，室内有作战地图和简易的办公桌椅，照明工具是民兵从敌人手中缴获的马蹄灯。

陷阱、翻板等设施主要用于消灭进入地道的敌人。陷阱就是在地道底部挖一深坑，

双向地道（2005 年）

翻眼（2005 年）

一般设在地道入口的下端或地道拐弯的地方，坑内插满削尖的竹扦、木棍、铁蒺藜，坑口用薄木板做好伪装；翻板是陷阱的延伸和改进，在陷阱上面放置一块自由翻动的木板，翻板由一根木棍支撑，敌人一旦进入地道踏上陷阱或翻板掉入坑中，必死无疑。

翻眼是把地道挖成“凹”字形状，人们通过时需借助梯子上上下下。敌人不明就里，突然闯进翻眼困在里面，民兵趁机把梯子撤走，将其消灭。

卡口是在地道的干线或支线上保留只能容一人匍匐通过的狭窄地段，功能与翻眼类似，如果敌人施放烟火、毒气，灌水，民兵和群众很快将卡口封死隔断。敌人进入此段只能爬行，民兵们很容易消灭他们。卡口在地道内设计不多，因为过多会限制民兵的行动。

双向地道和双层地道也同样具备多种功能，双向地道就是沿着同一方向挖两条并行的通道，通道两端安装容易关闭的木门或铁门，敌人误闯误入门就立刻关闭，如同进了囚笼，叫作“堵住笼子抓鸡，关起门来打狗”。双层地道是在原有地道的基础上，向下再挖一条通道，通道大都通向水井，若有敌人向地道灌水，水会自然地流向水井，正如电影《地道战》中所说的“水是宝贵的，应该让它流回原处”。

掩体都是设在地道两侧，在地道壁上掏挖一个可容一人或两人的耳洞，用来保障地道的畅通，有时也作为临时的休息场所或隐蔽场所，特别是敌人下入地道开枪射击，我方人员可利用掩体及时避开并进行反击。其他还有简易厨房、简易休息室、简易厕所等。

作战工事分布情况 村东口。五道庙工事：在刘家街北口和东大街拐弯处的西南角，设有向东、向西、向北的三个枪眼。五道庙地堡：在东大街路南，南向刘家街处（比小庙工事偏东路北），堡东紧靠堵街墙，墙角下有向东枪眼，地堡向南、向西都有枪眼，堡北隔小坡道是墙头，顺墙小路埋设地雷。地堡能直接和小庙工事相通。观音庙工事：从五道庙向西不远处向北十字街口路南有观音庙一处，与路北的周公庙合称双庙。庙北对街口，有大槐树一棵，树东偏南有水井，设气眼，设有向东、向北枪眼。观音庙地堡：设在东街向北拐角的西北角，设有向东南、向西、向北的三个枪眼。 碾子工事：双庙往西路北有碾子工事。向西向南，向东有枪眼。碾子工事底部通过马槽地道口进内院，是县武委会所在地。

村十字街。高房工事：是地道中心地带之一，地下设有指挥部、休息室等。十字街四壁墙根设向东、向南、向西、向北暗枪眼若干。西南隅房顶为高房指挥中心，并有高房工事通夹壁墙至地道，这里的地道口为墙根壁地道口。

村西口。五道庙工事：在西街向北去的街口拐角处，设向南、向西北的枪眼。西街口地堡：在五道庙向东街心，对向南去的胡同口处，设向东、向西枪眼。西口暗室：地堡西边，西南角屋内有洞口，墙脚下设有向东、向北枪眼。

村南口。三官庙工事：村南大桥东北有三官庙，设有东、南、西、北四面枪眼。河沿墙角枪眼。大桥北顺河坡往西的墙圈内，院内东南角有高房工事，下通地道达南街口地堡，设向南、向东枪眼。南街口地堡：在大桥北不远十字路中心，堡侧有井，是洞口，可出入。井南有大柳树，地堡设有向东、南、北枪眼。青神庙工事：在南街口地堡西侧。张廷赞家高房工事：由地堡向西北张廷赞家北房西北角上设有高房工事，向西、向北设枪眼。 南店柜台工事：设在街口地堡北边不远道西处，柜台下设有枪眼。烧饼炉工事：南店向北距十字街不远处，路东的烧饼炉下，设向南、向西、向北枪眼。路西水井有气眼。高房工事：烧饼炉路东房上。

村东南角。高街地堡：在前街的高街北口，有向东、向南、向西枪眼。丁字街路南地堡：向北的丁字街心处，有地堡，设有向东、向西、向北 3 个枪眼。丁字街路东地堡：有向西、向北枪眼。关街北口地堡：由丁字街地堡向东到关街弯角设有地堡，有向南、向西两枪眼。刘家街老母庙工事：在刘家街南口，丁字街口有向东、向西、向北 3 个枪眼（顺关街向南地道通大河坡，从关街、刘家街南头，顺东西街往东，由地道通往隋家坟）。

村东北口。梁家高房工事：大张庄、姜庄地边，进村向西拐弯处是梁家，房东北有高房工事。枪眼向东、向北。东北角碾子工事：由梁家向南再向东，到向南拐弯处有小

冉庄村十字路口（2019 年）

碾子工事，枪眼向南、向西。墙角暗堡：从观音庙地堡北行十几步，向西后街拐弯处的东南角房内的墙角下，设有向东、向北枪眼。老母庙工事：由北街楼角向东十米左右，达南北街口处路南设有小庙工事，内有向东、向西、向北枪眼。老母庙前地堡：设向南、向西、向北枪眼。

村西北口。张金乱房后地堡：设向西、向东、向北枪眼。李恒中门口地堡：设向南、向西、向北枪眼。

村北口。学校暗室枪眼：在学校门口南端，堵塞门窗成暗室工事，坐落在道西、道北拐角处；暗室上有高房工事。楼角地堡：道东、道西分设地堡，各有枪眼。楼角高房工事：设有向西、向北枪眼。北街口暗室：向西街口有枪眼。北街口高房工事：设向东、向西、向北 3 个枪眼。

地下兵工厂　1939 年冬，清苑县抗日武装委员会在唐河南岸的一个隐蔽村庄举办武器制作培训班，冉庄民兵梁连恒参加了培训。春节过后，冉庄村党支部决定增设民兵爆破组，梁连恒为爆破组组长。梁连恒挑选 5 名民兵，并邀请铁匠王兰荣、木匠王德斋参与，武器制作场所设在他家院子里。经过几十次的反复练制，第一颗手榴弹制成。1940 年秋收过后，风声渐紧，梁连恒把家里白菜窖腾出来，经过改造，能转移的设备都转移进去，一座简单的地下兵工厂形成了。随着地道的不断延伸，地下兵工厂总面积扩大到

地下兵工厂生产车间 （冉庄地道战纪念馆提供）

地下兵工厂生产的枪弹炮 （冉庄地道战纪念馆提供）

140多平方米，有锻轧间、组装间、机加工间、原料间、成品库房等。成品库与地道相通，可随时将弹药运送到各个作战工事。地下兵工厂先后制出土地雷、土手榴弹、土炮弹和少量的翻火子弹。随着技术一天比一天成熟，生产规模一天比一天扩大，许多材料出现短缺，特别是制作子弹的材料和制作土炸药的硫黄。张森林通过各种渠道弄到一部分，同时动员村里的小手工业者贡献一些，硫黄基本满足了需要。村支部广泛发动，动员全村村民捐献废铁锅、废铁桶、废铁镐等物资，用于报警的十字街古槐上的大钟到抗战后期也送入地下兵工厂的熔炉。抗日战争和解放战争期间，地下兵工厂共制作土地雷1200个、手榴弹2500多个、翻火子弹5000余发、土炮弹400余发、扫帚炮2门、榆木炮1门、撅枪100余支以及其他一些土武器。

地道与土质 冉庄村处在潮褐土地带。潮褐土土质细密，黏性较强，当地人称“浆巴土”，按照土质的差别又分为“横土”和“立土”。在“横土”带打井或挖洞容易塌

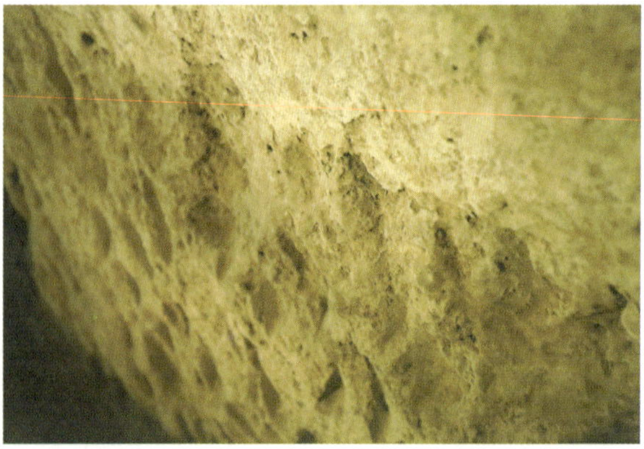
地道内壁（2005年）

陷，“立土”带则牢固耐久。冉庄村内及村东部、西部、北部为“立土”带，西南部为“横土”带。这些优良的自然条件，加上具备比较丰厚的物质和充足的人力资源，为冉庄成为冀中平原地道斗争的典范奠定了坚实的基础。县内同处潮褐土地带的阳城、樊庄、白城、白团、东林水、西林水等村都挖掘了地道，打了不少漂亮仗，其中西林水在解放战争中利用地道与国民党军队展开战斗，取得辉煌战果，事迹刊登在《冀中导报》上。然而，清苑县唐河沿岸的武安、刘村、大李各庄、李庄、郝王力、任王力等村没有构筑地道或者构筑地道较少就是因为土质原因。如果没有1963年的特大洪水，冉庄村的原始地道会保存得更好。

交通沟　冉庄村开挖交通沟的时间晚于挖地道。交通沟也称道沟，是对平原地形的改造，道沟不仅便于隐蔽、运动转移和投入战斗，又可制约敌人的汽车和坦克。挖交通沟同样是一项浩大而艰巨的工程。到抗日战争中后期，冉庄村挖掘交通沟和地道都是交叉进行，便于人力、物力、财力的调配。冉庄村周围及附近区域有三条河流通过，为了灌溉农田，老百姓早就挖了很多排水沟、引水渠，这时派上了用场。村党支部利用地形，因地制宜，历经三年多的时间，最终把靠近冉庄村的所有连接道路挖成交通沟，环绕村边挖成护村沟。交通沟宽3米，护村沟宽1.5米。护村沟挖成弯弯曲曲蛇形，两沟内挖掩体和防空洞，掩体挖成烟袋锅一样的形状。两沟的深度以人和驴马进入沟内地平线看不到为准，两沟总计20多千米。

随着时代的变迁，交通沟、护村沟已不复存在，但对抗日战争的贡献永远不会磨灭，正是这些交通沟的出现，使民兵发明了“三打一拉”的战术。所谓“三打一拉”是

抗日战争时期，冀中人民挖沟掘道改造地形（冉庄地道战纪念馆展厅照片）

冀中妇女在挖地道（冉庄地道战纪念馆展厅照片）

在敌人进攻时，民兵分组埋伏在交通沟和护村沟里，先给敌人迎头一击，是为“第一打”；随即边打边撤，诱敌入村，依托村口街垒、高房工事进行“第二打”；待敌人进村后，防守在暗室、庙宇、地堡等纵深地带工事的民兵开枪射击，为“第三打”；敌人继续前进靠近这些作战工事时，民兵拉响埋在周围的地雷，叫作“一拉”。“三打一拉”战术的运用，目的就是有效地阻击敌人，抗击敌人，更多地把敌人消灭在进攻的途中，从而挫败敌人的意志。

地道是战场，交通沟也是战场，交通沟同样为区小队、县大队、武工队提供了用武之地，更多地为老百姓转移、运送抗战物资提供了必要的掩护，也正是由于交通沟的威力，距离冉庄村 2 千米的姜庄炮楼里的敌人没敢到冉庄村骚扰过。

地道内外的战斗

本土作战

1940 年 7 月 4 日战斗 1940 年 7 月 4 日凌晨，500 多名日伪军从三面包围冉庄村。民兵和乡亲们立即转入地道。当一名伪军官行至双庙工事 20 米处，双庙工事里李明贵扣动扳机，将其击毙。各地道工事里同时响起枪声，走在前边的日伪军纷纷中弹，后边的日伪军四处躲闪。民兵接连引爆地雷，敌人死伤一片。地堡工事里，张进常带着几个民兵瞄准后边的日伪军开火。日伪军首尾难顾，又不知子弹来自哪里，只有胡乱放枪。一股日伪军集中炮火攻击双庙工事，庙顶被炸塌，民兵们立刻从地道中转移到另一处高房工事继续战斗。两个小时后，八路军第 24 团、县大队和各村民兵前来支援，日伪军夺路向西北方向逃走。

桥头伏敌 1943 年 1 月 12 日，冉庄村大集。驻扎在冉庄村南边耿庄据点的一个伪军中队突然进村，在集上抢劫之后，又到附近老百姓家里抢年货，装了几大车。民兵队长李恒木马上集合队伍，商议对策，之后形成一个完整的伏击方案：敌人回耿庄炮楼必经南大桥，民兵就在桥南埋伏，打敌人一个措手不及，也殃及不到乡亲们。高振福带领民兵一个班，由村北绕到桥南埋伏，青年抗日先锋队的一个班赶到梁家坟埋伏。战斗打响后，李恒木带一个班从敌人后面攻击。当伪军押着装满物资的大车，通过南大桥向南进入埋伏圈后，民兵同时开火。伪军们丢下抢夺的物品，仓皇跑回耿庄炮楼。

1945 年 4 月 1 日战斗　1945 年 3 月 31 日，驻故城（清苑旧治所）日伪军 500 余人伙同白团炮楼驻军预谋偷袭冉庄村。4 月 1 日凌晨，日伪军先占领冉庄镇的大张庄、三间房两村。5 时许，对冉庄村形成包围。民兵队长李恒木命令民兵迅速进入地道与敌人展开激烈战斗，日伪军被打得晕头转向。下午 3 时左右，八路军 18 团和清苑县大队赶来支援，日伪军见势不好，收拾残兵逃回白团炮楼。此次战斗，冉庄民兵不足 20 人，打死打伤日伪军 13 人，自己无一伤亡。次日，县武委会在冉庄村南大桥三官庙前举行祝捷大会，全区各村民兵 1000 余人参加，县武委会当场奖给冉庄民兵匣枪 1 把、大枪 3 支、子弹 300 发，还发给部分服装款。

1945 年 5 月 14 日战斗　日伪军不甘心失败，增调兵力准备再次对冉庄村发动进攻。接到情报，县武委会要求冉庄民兵立即做好战斗准备。5 月 14 日拂晓，驻保定伪军齐燮元所部 14 团串通白团、魏村、张登、王胡庄 4 个据点的敌人直奔冉庄村。日伪军还带着几台抽水机，准备破坏地道。天亮后，日伪军先对冉庄村进行了一通枪炮乱射。接着伪军在前，日军在后，从村北向村里摸来。日伪军刚进村，便遭到民兵的迎头痛击，战斗一直到下午 5 点多钟。日伪军只听到枪声响、地雷炸，看到自己人死伤，始终找不到

抗日战争期间，民兵依托墙角作战

得到敌人进犯冉庄的情报，冉庄民兵立即做好战斗准备（画作）

诱敌深入，内外夹攻（画作）

民兵的人影。耳听八路军和其他村民兵支援的枪声越来越近，日伪军只得拖着满载尸体和伤员的大车惨败而归。

1945 年 5 月 17 日战斗 1945 年 5 月 17 日拂晓，驻保定的伪军司令齐靖宇和伪清苑县长丛殿墀，带领两个团的兵力，从东北、西北、正北分三路对冉庄村形成合围。日军架起小钢炮，对着冉庄村轰炸，几处高房工事遭到破坏。为避免伤亡，指挥部命令民兵全部进入地道待命，待机消灭敌人。队长要求民兵“三五步再打，要一枪一个”。战斗开始后，坚守在各自岗位上的民兵英勇作战，击退敌人一次又一次进攻。战斗从清晨打到黄昏，持续 13 个小时。冉庄民兵 30 余人抗击日伪军两个团的兵力，取得战斗胜利。县武委会随即在冉庄村召开庆功会，奖给冉庄村“地道战模范村”锦旗一面，上面绣有“英勇杀敌　战斗模范”八个大字。同时奖励大枪 3 支、地雷 1000 颗、子弹 300 发。

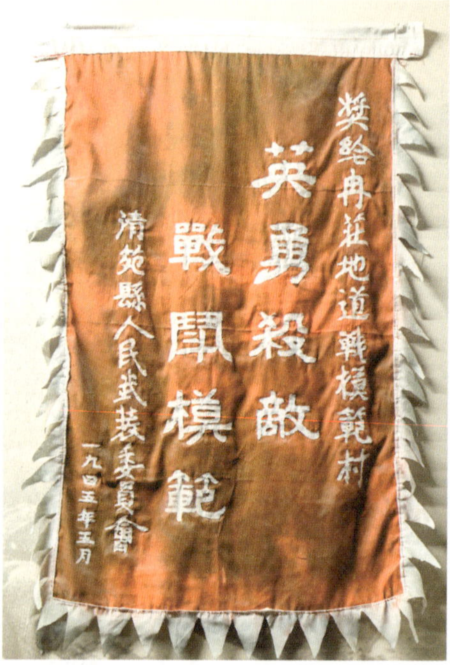

1945 年 5 月，清苑县人民武装委员会授予冉庄村的奖旗

1947 年 6 月 6 日战斗 1947 年 6 月 5 日，国民党军驻故城刘化南部以一个团的兵力偷袭冉庄村。6 日拂晓，国民党军采用“分进

冉庄民兵利用麻雀战和地道战有力打击来犯之敌（画作）

合击”之术，在距冉庄村 1 千米左右的地方兵分两路，一路自东北方向的姜庄向冉庄村进发，妄图打冉庄民兵一个措手不及，另一路从北面的大张庄向冉庄村进攻。民兵依托地形，且战且退，将敌人引向村北水塘边的地雷区。国民党军刚进入地雷区，民兵爆炸组连续拉响地雷，敌人乱作一团。战斗打了近 3 个小时，国民党军死伤多人，也没能靠近冉庄村。国民党军经过重新部署，8 时许，从东、西、北三个街口同时向村内发起进攻，据守在高房工事里的民兵居高临下投掷手榴弹，街垒里的民兵依托工事向国民党军射击。国民党军拼命逃窜到村外，在村外屯兵，又组织火力顽抗，被民兵毙伤多人。同时，坚守在东、西街口的民兵，不断用步枪和地雷杀伤国民党军。国民党军用更加猛烈的火力对冉庄村进行轰击，几间高房工事被炸塌，部分掩体遭到破坏。指挥部命令民兵退守地道，以免造成伤亡。时近中午，国民党军又向村中扑来。敌人进村后，没有听到还击的枪声，便一窝蜂似的向十字街冲来。指挥部一声令下，村内到处响起枪声和地雷的爆炸声，敌人无处藏身，只好串房绕路逃出村外。天过晌午，冉庄村附近村的民兵陆续赶来增援，国民党军仓皇回逃。这次战斗毙敌 19 人、伤敌 17 人。

1947 年 6 月 9 日战斗　6 月 6 日击退进犯的国民党军队后，冉庄民兵连夜打扫战场，修复被破坏的工事，配置弹药，做好应对敌人报复的准备。刘化南吃了亏，不甘心失败，又于 6 月 9 日纠集两个团兵力，分三路偷袭冉庄村。凌晨 4 时左右，东路国民党军经过姜庄道沟时踏响地雷，当即炸死4人。敌人诡计落空，变偷袭为强攻，国民党军先头部队刚刚接近冉庄村东街口又踏响地雷。刘化南命令停止前进，龟缩在村边等待机会。听到地雷炸响，冉庄民兵立即奔赴岗位准备应战。国民党军改变作战部署，对冉庄村形成包围。8点30分左右，随着一声枪响，敌人从四面向村里发起总攻，枪声、手榴弹爆炸声顿时响成一片。敌人妄图以炮、机枪等重火力摧毁村内地堡和高房工事，然后破坏地道。为了避免人员伤亡，指挥部决定留几名民兵利用隐蔽物监视敌人动向，其他战斗人员全部转入地道。民兵们利用地道坚持战斗。战斗持续到下午3点多钟，村外隐隐传来一阵阵密集的枪声，各村前来支援的民兵同敌人交上了火，敌人仓皇逃窜。

配合作战

追击战 1944年秋后，张登据点的日伪军在凌晨偷袭陈吴庄，清苑县大队处在偏远的战场，很难及时救援。紧急时刻，附近村庄的民兵从四面八方聚集过来。冉庄民兵由队长李恒木、村长王玉龙带队参战。日伪军见民兵众多，来势勇猛，急忙向张登据点撤逃，民兵追击不放，日伪军遇一坟地，便利用有利地形进行还击，但无法逃回据点。民兵想从正面撤出兵力辗转迂回到日伪军侧翼消灭敌人，由于日伪军火力凶猛，无法撤出。双方相互射击对峙近两个小时。县大队从另一战场抽出一个排的兵力急行赶来助

1943年，之光县（抗日战争时期，曾从清苑县划分独立，后又合并）大队攻克南辛店后转移到宋村。图为受到当地群众热烈欢迎的场景

1943年，之光县大队在林堡伏击日军

1944年，清苑县大队战士奔向战场

1944年，冀中军民拔除日伪据点后，平毁日伪的封锁沟，使解放区连成一片

战，日伪军阵脚大乱，争相逃命。这场追击战从上午打到下午1点多结束，敌人伤亡37人，丢下2挺机枪、2门投掷弹筒小炮、20多支步枪和部分弹药。村民兵伤3人、县大队伤亡6人。

截击战 1944年春，日军纠集大白团据点的伪军和樊庄炮楼的百十号残兵，强迫据点附近农户家十余辆骡马大车跟随，在黎明前越过潴龙河，突袭辛庄村，掠夺粮食财物。清苑县大队根据情报，联合辛庄村附近村的民兵，埋伏在敌人回巢必经之路潴龙河南岸，准备伏击敌人，夺回被敌人掠夺的粮物。李恒木带领冉庄村20多名民兵，前往参战。民兵队伍由大张村北顺河道，迂回前往埋伏阵地，在行进途中突然听到激烈的枪声，队长李恒木当即下达战斗命令，要求大家紧盯敌人，不要让一个敌人跑掉。清苑县大队战士和冉庄民兵队对敌人形成前后夹击，有20多名敌人被清苑县大队追赶跑到阵地前沿，伪军乖乖地丢弃手中枪举手投降。

巧打张登据点 张登据点是日军入侵清苑后建立的第一个中心据点，是驻保定日军的前沿阵地，内有高层岗楼和地下碉堡，四周有深沟护围。1945年8月，日本宣布无条件投降，这个据点的日军仍负隅顽抗。拔掉张登据点，为解放保定扫平道路，成为全县军民刻不容缓的任务。上级指示，集中张登附近村庄的民兵配合清苑县大队，攻打张登据点。冉庄民兵组织了一个20人的小分队，由队长李恒木带领奔赴张登参战。参战民兵包围据点后，用大喇叭喊话，发动政治攻势。因为没有重武器，光靠喊话不能迫使敌人投降，指挥部采用李恒木的提议，挖地道到炮楼底下，用炸药炸倒炮楼。不到两昼夜的工夫，地道挖到敌人的炮楼底下，冉庄民兵把炸药放在炮楼下边，大伙儿都争着钻进地道点火。最后，队长李恒木选定张炳奎、李恒彪和刘大雨三个有爆破经验的民兵完

1944年，清苑县大队攻克日伪据点后，携带战利品归来

成点火。炮楼被炸倾斜，伪军和汉奸躲进倾斜的炮楼内拒不投降。指挥部根据战场形势，决定诱敌出巢。主力部队陆续撤出战场，埋伏在张登据点北边的金线河以北，这是日军回保定的必经之路，其他村庄的民兵撤到张登西边的谢庄村，监视日军。冉庄民兵负责把守据点的出入口，严防闲杂人等进入抢夺物品，特别是武器弹药。据点里的日伪军见围攻队伍撤离，便冲出据点，拼命向保定方向逃跑，被埋伏在金线河以北的战士消灭。

保卫医院　护送伤员　1944年深秋，张登据点的日伪军企图偷袭八路军设在李庄的后方医院。冉庄民兵奉上级指示支援医院保卫战。日伪军把战地指挥所设在距医院只有1000米的耿庄。参加医院保卫战的清苑县大队一个区小队和冉庄村部分民兵，隐蔽在村边的高房上。战斗打响时，正赶上强风暴雨，日伪军多次在暴风雨泥泞中冲到村边房下阵地前沿。八路军战士和民兵英勇奋战，向敌射击，使用手榴弹、砖头，从房上一齐投向敌人。日伪军一次次败下阵，但依然凶猛进攻。

战斗从早晨开始，一直到中午还没结束。亲临阵地的清苑县领导根据战势情况紧急下令，调动李庄周围村庄的民兵，包围耿庄敌指挥所，在青纱帐的掩护下近距离向日军指挥所射击，敲山震虎，围而不打。攻打医院的日军听到指挥所四周枪声急促，杀声震天，疑是八路军支援部队前来参战，逃离战场。战斗结束后，上级决定当晚把伤员转移到清苑县临近的博野县城东蒋家地主庄园。冉庄村十几名民兵参加护送伤员担架队。入夜，乡亲们冒雨抬着伤员慢步行走，到达唐河边。唐河水流很急，为保证伤员安全，乡亲们决定几十个人一组肩并肩手挽手纵横排列，把担架和伤员放在头上，抵住汹涌的河水。队员在河流中往返多次，把所有伤员运送到河对岸。担架队员们不顾疲劳继续赶路，直到第二天下午4时多到达目的地。

杨各庄解围　一天，杨各庄保卫团派人到冉庄村，向冉庄片团长李九皋报告土匪韩子犹队伍占领了杨各庄，正在抢掠东西、毒打村民。杨各庄村联庄会成立不久，武装人员招架不住，被迫撤出了村子。韩子犹曾经屡犯冉庄村，因冉庄保卫团严守，从未得逞。李九皋经与高振远商议，决定由李九皋、李恒荣带领冉庄联庄会武装人员，连夜顺着九龙河赶到大魏庄，兵分三路向杨各庄包围抄袭过去。土匪们抢掠了一天，凌晨3点，正守着抢来的东西睡觉。在两挺机枪的掩护下，李九皋等冲进村子，土匪们吓得蒙头转向，纷纷举手投降。该次歼灭战联庄会大获全胜，打死打伤土匪几十人，缴获各种枪支近百支。

特殊战斗

破路行动 1942年3月18日，随着华中、华南战事开启，平汉铁路成为日军南运物资的重要路线，日军对其严密设防。为配合国民党部队正面战场，冀中军区和清苑县委要求冉庄民兵尽快破坏平汉铁路。区委书记张森林立即召开村党支部会议，研究破路方案，选定三天后子夜时分行动。第二天，张森林带着民兵到铁路旁侦察敌人的设防情况，掌握火车运行规律，确定破路的具体地点。

3月20日晚上，天渐渐起了雾。张森林召集全体人员接近铁路，大雾弥漫，对面难见。张森林指挥各组迅速到达指定位置。长枪组6人，佯攻南边5千米处的清风店据点，阻击北援；短枪组5人，在铁路边指定位置埋伏，阻击增援之敌；爆破组5人，负责炸毁敌军火车；炮兵组3人和20名群众，负责拆铁轨并装车；通讯组、警卫组6人和30名群众，负责装运缴获的粮食、枪支、弹药等。

当火车从北向南由远而近时，爆破组立即拉响地雷，火车被炸得东倒西歪；押车的日军还没醒过神来，就被民兵们击毙；负责迷惑日军的长枪组立时同南边据点的日军交上了火，一旁待命的群众立即把缴获的粮食、药品和弹药等装满三大车，将拆下的铁轨装满两大车，迅速撤离现场。

勇夺粮车 1942年，历经日伪军多次“扫荡”和严密封锁，加之自然灾害频发，根据地物资十分匮乏，严重影响根据地军民的生活。4月20日上午，县武委会传给张森林一份情报：次日上午张登炮楼的日伪军要运粮去清风店火车站。县委要求冉庄民兵把粮食截下来，尽快送到太行山，以解决根据地春荒之急。张森林立刻开会商量办法，综合大家意见，形成了完整的夺粮方案。当天深夜，张森林带着参战人员埋伏在日伪军必经之路两侧。天刚放亮，运粮的日伪军走走停停，一个小时后才慢慢走进伏击圈。张森林下令开火，顿时枪声四起，手榴弹连连爆炸。不到1个小时，战斗胜利结束，张森林带领民兵先将粮车藏在隐蔽之地，并即刻同驻冉庄村附近北王力村的八路军取得联系，连夜将粮食运往太行山。

杀狗灭声 抗日战争中，游击队和民兵在夜幕的掩护下经常出其不意地打击消灭敌人，但由于狗的叫声，多次暴露行踪，无意中帮了敌人。县武委会决定动员乡亲们杀狗灭声。尽管心疼自家的狗，乡亲们还是给予理解和支持，杀狗灭声任务很快在冀中平原广大农村圆满完成。但靠近保定城敌占区村镇的狗叫声依然干扰民兵夜间行动。县武委会指示县民兵连深入敌占区，动员老乡杀狗灭声。就在乡亲们响应号召积极杀

狗的同时，日军也采取了相应的行动。驻守保定的日军下令伪乡政府进村阻止杀狗，对各家各户的狗进行登记造册，私自杀狗的以私通八路论处。县武委会根据敌占区恶劣的环境，指示杀狗灭声的任务不宜拖时间太久，在伪乡政府还没有研究出阻止杀狗灭声的办法之前，抓住有利时机，与老乡们紧密携手杀狗灭声，指示民兵在棍棒无法接近狗的情况下，可以用枪射击，杀狗灭声任务很快完成。从此，八路军、游击队和民兵无论是深入敌后执行任务还是转移，再也没有受到狗叫声的干扰。

三间房锄奸 1942年，敌后抗日斗争进入最艰难的时期。日军推行“以华治华”策略，主要是利用汉奸走狗建立伪政权。冉庄村西北约2千米处的三间房村，有几个变节分子充当日伪军的耳目和帮凶，其中行为最恶劣的一个叫李老坏，仗着自己会点拳脚，又是光棍，到处欺压百姓，还向日伪军提供情报，密谋杀害中共党员和抗日积极分子。1942年5月11日傍晚，张森林收到一份告知李老坏行踪的情报，立即通知李连瑞、王九福，3人趁着夜色来到三间房村潜伏起来。当满身酒气的李老坏摇摇晃晃走过时，被王九福、李连瑞、张森林擒获。

挖弹惊魂 1946年清明节刚过，冉庄村上空由北向南从一架国民党军飞机上陆续扔下10颗炸弹，落在村西，所幸无人员伤亡。但落下的10颗炸弹，只响了9颗，人们顺着弹坑寻找，最后在村民王老牛房后麦田里发现没有响的炸弹砸出的一尺宽的洞。民兵李恒彪、刘大雨商量把炸弹挖出来，弹坑挖到直径近一丈时炸弹露出了一个铜疙瘩，李恒彪小心把它拧下来，还带出一个五寸多长的雷管。如果再这样挖，炸弹可能随时会倒下引起爆炸。两个人想出一个笨法子：一个人抱住炸弹，另一个人挖。但仅凭一个人原地不动地抱着炸弹，无法拆除引信。二人商量，借一根檩或是像檩一样粗一样长的杠子，再借多根辘轳绳，把木杠子横架在坑上，把辘轳绳连接起来，搭在杠上向下垂直，把炸弹捆绑结实，让老乡们在很远的地方往上拉。李恒彪让刘大雨到上边指挥，自己冒着生命危险小心翼翼地将炸弹引信慢慢拆下来。刘大雨跳下坑，二人携手和大家把炸弹拖出坑，平放在麦田里，为乡亲们排除一大隐患。

战争年代民兵的其他任务

战争年代，民兵的任务很多，既要保卫村庄维护社会治安，又要支援前线，抬担架、送公粮、破坏敌人交通和通信设施，等等。

远距离护送公粮 即送粮队伍要把粮食一直护送到目的地。护送中，民兵要靠近敌人炮楼据点监视敌人，阻击敌人出动，保护送粮队伍。冉庄民兵多次参加远距离送粮。

送粮途中，民兵经常要急速前进，按时通过平汉铁路和沟壕封锁线。由于人员多，指挥起来很难，送粮大军的脚步声淹没了日伪军的枪声，根本听不到指挥员的声音，只好由送粮大军自由结合，冲过铁道沟壕封锁线。民兵一方面要随时准备迎击冲出碉堡的日伪军，又要随时检查有没有掉队以及被踩伤的送粮乡亲，完成任务非常不易。送粮乡亲一路急速前进，脚打了血泡、鞋底磨透、鞋子跑掉了、光着脚跟着跑，依然保护着肩上的公粮，拼死冲过封锁线。为了减轻身上的重量，民兵们扔掉背在背上的抗饥饿的干粮，也要绝对保证公粮的安全。送公粮的人们，曾编了一首顺口溜："提起送公粮，终生都难忘，公粮脖子挎，吃食扛肩上，渴了喝凉水，饿了啃干粮，人多没有路，在野地里趟，一到铁路线，鬼子开了枪，为了跑得快，减重扔干粮，公粮一送到，才觉饿得慌。"

破坏敌人的运输线 民兵在抗日战争和解放战争中一项重要任务就是切断敌人运输线，扒铁路、炸桥梁。十余年间，扒拆钢轨枕木破坏敌人的运输线从没间断过。从夜幕降临到深更半夜，从小规模破坏铁道运输，逐步发展到大规模组织上千人去扒拆铁道。冉庄民兵由队长带领参加过两次上千人的扒铁道大军。在漆黑的夜晚，所有人在钢轨前人挨人排列站好，猫腰双手牢牢地抓住钢轨，听总指挥喊一、二、三，钢轨同枕木一起从路基石子里被拉出来，用力提高一起推，把钢轨翻个身。总指挥号召把钢轨翻身时震动脱落的枕木运走，不留给敌人修复时再用。

破坏敌人通信设施 扒电话线目的是截断或延误敌人据点与据点之间的联系，特别是截断各据点与大本营保定之间的联系。县武委会指示各村的民兵组织力量随时随地扒日伪军的电话线，让日伪军指挥失灵。截断电话线很简单，三五个人就可以完成任务。夜幕降临时，三五个人抱着一根电线杆子割电线，敌人一般发现不了。即便发现，也不敢贸然在夜间出炮楼，只好第二天修复，但修没有扒得快。炮楼据点在冀中平原大地存在的那个年代，扒电话线就成了民兵经常性的任务。

1965 年，电影《地道战》摄制组人员在冉庄村合影留念

文旅小镇

冉庄的文化旅游多年来坚持保护与开发并重，发掘资源，与时俱进，逐步形成了“红色、古色、绿色”为基调的多元复合景区。

突出“红色”。冉庄地道战遗址是第二次世界大战中中国人民抗击日军的重要战争遗址。多年来，国家和省、市、区不断投资进行规划保护，特别是地道战遗址“三大工程”建设，使地道战遗址教育、观光功能更加完备，游客年接待量达百万人次以上。

保护“古色”。冉庄村于2007年被建设部、国家文物局公布为中国历史文化名村。冉庄古村落保护区内二十世纪三四十年代的古村落房屋建筑保存完好，成为旅游观光的一大景观。

发掘“绿色”。2017年，清苑区委、区政府开始谋划建设冉庄文旅特色小镇项目，在红色的基调上，开发生态旅游，增强冉庄镇旅游的综合吸引力。至2019年底，冉庄文旅特色小镇项目粗具规模。

规划

文旅特色小镇规划 2017年，清苑区委、区政府委托保定市荣之旅文化旅游管理有限公司，对冉庄镇境内的红色、古色、绿色资源进行高起点、高定位、高标准的规划，以冉庄红色旅游为核心，突出“红色”、保护“古色”、发掘“绿色”，“以红为底、多元复合”的旅游发展理念，在区域范围内打造六大“红色+”旅游功能，建成集红色教育、民俗体验、田园度假、主题体验、观光农业、户外运动、养生康体等功能于一体的红色文旅特色小镇。在冉庄镇附近形成清苑南部区域红色文化为特色的旅游度假产业集群核心，引领区域旅游产业体系建构与稠密发展，将冉庄从旅游景点打造成旅游目的

冉庄文旅特色小镇规划设计图（2017年）

冉庄文旅特色小镇路边景色（2019 年）

地；通过丰富旅游业，延长游客停留时间，增强游客进入景区后的情景仪式感和互动体验感，打造全域、全景、全时、全季的旅游休闲目的地。同时结合大李各庄林场和好梦林水项目，对冉庄地道战景区进行全方位改造，形成“三点一线”“一心两翼”的清苑全域旅游发展新格局，力争将冉庄镇打造成为国家级特色小镇。远期规划将小镇打造成为国家级红色文化旅游示范区、国际知名的世界反法西斯战争纪念地。

“三点一线”“一心两翼”规划 “三点一线”即把北店乡西林水村的好梦林水微度假体验区、冉庄镇冉庄村红色记忆·冉庄文旅特色小镇和北王力乡省级森林公园作为三个重要旅游节点，通过旅游路和乡道 313 线连点成线，把生态资源、文化资源、农业资源连接起来，串点连线成面，以点带面，使之成为精品旅游线路。“一心两翼”即积极推进景观大道通全域，构筑以红色记忆·冉庄文旅特色小镇为核心，以好梦林水微度假体验区和省级森林公园为两翼的全域旅游新格局，瞄准大旅游、大文化、大产业编制发展规划，推进冉庄旅游业高质量发展。坚持统筹协调，在红色的基调上，与旅游文化产业、新农村建设结合起来，开发生态旅游，增强冉庄旅游的综合吸引力，使冉庄镇基础设施上层次，景区管理上层次，新农村建设上层次。打造京津冀旅游发展新名片、生态文明新样板、乐享河北新标杆，使冉庄镇的旅游文化产业较快走上高速、规范、科学的良性发展轨道。

旅游资源

冉庄地道战遗址

相关荣誉 1956 年，冉庄地道战遗址被河北省人民委员会公布为省级文物保护单位。1961 年 3 月 4 日，被国务院公布为首批全国重点文物保护单位。1994 年 8 月，被命名为河北省爱国主义教育基地。1995 年 1 月，被共青团中央确定为全国青少年教育基

少先队员在古槐树下接受爱国主义教育（2017 年）

解放军某部在冉庄地道战纪念馆新馆举行入党宣誓活动（2010 年）

冉庄抗日村公所（2019年）

冉庄抗日村公所室内（2019年）

冉庄抗日武装委员会旧址（2019年）

地。1997年6月，被中宣部命名为全国爱国主义教育示范基地。2003年9月，被河北省人民政府、省军区命名为第一批省级国防教育基地。2005年，被列入全国首批百家红色旅游经典景区之一。2007年，被列为全国“十大完美旅游线路”之一。2009年，被命名为国家国防教育示范基地。2011年，被评为国家AAAA级旅游景区。2014年，被确定为全国第一批抗战纪念设施、遗址。

景区 遗址复原景区。遗址复原景区占地20万平方米。地下保留着当年构筑的地道3000米及指挥部、地下兵工厂、囚笼等各类作战设施；地上保留着地平面、马槽、锅台等各种构思巧妙的地道口和作战工事。重点部位有冉庄抗日村公所、冉庄抗日武装委员会旧址（关帝庙）、清苑县抗日武装委员会旧址等。对外开放地道1200米，参观使用各类工事19个、地下设施56处。冉庄村十字街是地道战遗址复原景区的主要景区，地道战的重要标志古槐和大钟位于十字街的东北方。站在十字街，可以近距离观看高房工事、墙体枪眼、地平堡工事。

景点 冉庄抗日村公所。位于古槐南30米路西，3间北房，面积42平方米，院落160平方米。原是冉庄村公所，始建于民国年间。1938年，改称冉庄抗日村公所。院子的正下方是地下指挥部，与水井相通（该井又称李勇井），它是由菜窖演变而来。指挥部由档案室、卧室、地道主通道三部分组成。当时是党支部书记张森林的秘密办公地点，是冉庄地道的中枢部位，作用是组织民兵、传达命令。2009年10月，八一电影制片厂在冉庄村拍摄 40 集电视连续剧《地道战》时，此处作为高传宝家的场地。村民李向前整理布置后，供游客参观。2018 年，屋内依然保留着二十世纪三四十年代的面貌和当年使用过的一些物品。

冉庄抗日武装委员会旧址。位于关帝庙，冉庄抗日武装委员会曾在此办公，是决策和指挥武装斗争、地道斗争的主要指挥所，又是为抗日主力部队组织和输送兵员的地方，同时又是组织支前的办公地。在关公神台一侧有一处极为隐蔽的地平面地道口，这个地道口下面的地道通往战斗地道的四面八方。电影《地道战》中假武工队到冉庄村刺探地道情报的情节在这里拍摄。

清苑县抗日武装委员会旧址。原是抗战时的一家堡垒户，南屋是马槽地道口。抗日战争中，县武委会在此办公，是发动全县抗日武装和民众破坏敌人交通，割电线，炸桥梁，开展游击战、地道战等武装斗争的指挥中心。伪装奇巧的马槽地道口与地道相通，遇到紧急情况，干部们便从这里转入地道。

地道战堡垒院。位于古槐东行 20 米路南，3 间北房，前后都有门，院落在南边。这里曾是冉庄村少林会人员练武地点之一，日军侵占保定后，少林会这些年轻人加入了护村民团。吕正操到冉庄村收编联庄会时，曾在此住过一晚上。该院靠西墙原有一个隐蔽洞，掩藏在草堆下。在 1942 年冉庄村挖地道的热潮中，此洞改成了鸡窝地道口。之所以叫地道战堡垒院，一是因为该院的隐蔽洞曾掩护过收编联庄会的

清苑县抗日武装委员会旧址（2005 年）

地道战堡垒院（2018 年）

开国上将吕正操工作旧址（2019 年）

吕正操司令员，二是因为房主李青春的二儿子李振其同冉庄村30多位青年一起，跟随吕正操司令员参加了八路军，曾任侦察排长，牺牲在抗日战场，年仅21岁。2006年，国家提倡红色旅游，到冉庄地道战遗址参观的游客越来越多。房主李新婷经过几个月的筹备，于2007年5月开放院落供游客参观。该景点室内布置主要有照片和实物两部分。照片包括吕正操各个时期的照片、吕正操为冉庄地道战遗址的题词、吕正操同冉庄联庄会会员交谈的照片、冉庄联庄会会员照片、各大媒体采访照片30多幅。实物主要有吕正操用过的椅子、茶几、茶壶、碗，吕正操送给李新婷的姐姐李焕英的两枚铜钱。

王霞故居。位于古槐南行100米路东，平房10间，连同院落面积280平方米。该景点室内布置主要有照片和实物两部分。照片内容为王霞生平事迹；实物主要有锅台地道口、火炕地道口、水井地道口，王霞为八路军战士及民兵做的鞋底、衣物等。其中最珍贵的实物是几个陶瓷罐，这几个罐大小不一，质地各异，专门用来保藏文件。王霞当年为地下交通员，负责为八路军传递情报，有些情报可能要暂时保管。几乎不识字的王霞把情报按密级分别放在不同的罐里，绝密的放在瓷罐里，一般的放在陶罐里，上面用粮食盖上，就连家里人也不让知道。在情报传递中，更是克服种种难以想象的困难，出色地完成了一次又一次情报传递任务。

王霞故居展室是王霞的孙子李红旗整理布置的。据李红旗讲，令他最为遗憾的是，祖母去世时，几十枚奖章、纪念章没有留下来，而是按照姑姑们的愿望，将这些宝贵的奖章、纪念章作为了王霞的随葬品。李红旗与吕正操长子吕彤羽（出生在冀中战场）一

王霞故居（2019年）

王霞藏情报的陶瓷罐（2019年）

直保持着联系。2014 年，李红旗曾到北京给吕彤羽赠送《英雄母亲王霞》一书。

唐槐。电影《地道战》中高老忠敲响古槐大钟的情节给观众留下了深刻的印象。影片拍摄场景冉庄村十字街的古槐，也成为地道战的象征和标志。

据传，古槐是唐朝年间建村时栽种的。抗日战争前后，冉庄村有 5 棵古槐，树干粗壮，枝繁叶茂。街心 3 棵古槐，其中两棵并列在十字街东北角的店铺前，另一棵在村公所院后。1965 年拍摄电影《地道战》时，并列的两棵古槐依然生机勃勃。1978 年，西侧的古槐被狂风吹折，东侧的古槐也慢慢枯萎。之后保护区的两棵古槐，都已通过技术手段被加固，东侧一棵仍为原树，西侧一棵从村公所院后移植而来。

明井。冉庄地道战遗址的中心地带十字街西南角，保留着一眼砖砌水井，是通往地道的 13 眼水井之一，做地道内排水、取水、通风之用。电影《地道战》中，日伪军抽水灌地道，地道内民兵群众又将“宝贵的井水”放回原处，即拍摄于此。

相传，明崇祯年间，冉庄村南 10 千米处大李各庄村人陈灿在吏部供职，为官清正，颇得崇祯帝赏识。在职期间，因政绩显赫，崇祯帝钦赐大笔赏银。陈灿回故里省亲，令自京畿至大李各庄沿途每隔数十里构筑一井，以供随员炊饮。至冉庄村十字街，筑得水井一眼。明崇祯十七年（1644 年），义军首领李自成所属刘宗敏部，率义军自山西入河北与李自成会师北上，直逼北京。陈灿当年所筑水井大部分被义军所用。崇祯帝闻后大怒，以陈灿暗通“反贼”为名，将陈灿处死。

冉庄村街头明井是陈灿所筑水井中保留下来的唯一水井。这眼水井水质甘醇，每逢春节，人们在井侧设“井泉龙王”牌位，燃烛焚香。年长日久，这眼井便被人们称为龙王井，且在龙王井北侧建龙王庙，庙墙内一棵唐代古槐，枝繁叶茂，因生长在龙王庙

明井（2005 年）

中，被称作龙槐。抗日战争期间，冉庄民兵在房上修筑了高房工事，下通地道。此房因处在地道战中心地带，故设为地道战高房指挥部。水井壁上有地道口通地道，可谓明代古井抗战用。古井融历史文物和革命文物于一体，保护价值大大提升。

冉庄地道战纪念馆

冉庄地道战纪念馆旧馆　1959 年 8 月，冉庄地道战纪念馆（旧馆）落成。位于冉庄村内，占地面积 5000 平方米，展厅面积 640 平方米，青砖灰瓦坡顶，建筑风格古朴。1991 年，新建展厅 960 平方米。1997 年，纪念馆重新改陈，增加文物及展品 100 多件、水粉画 20 多幅，增设 2 处模拟景观、1 处地道切面模型、1 处冉庄全景沙盘。旧馆展示内容分为展厅陈列和遗址复原陈列。

冉庄地道战纪念馆旧馆门口（2005 年）

题词及题名。1987 年，聂荣臻题写“冉庄地道战纪念馆”馆名。1988 年 11 月 30 日杨成武题写“冀中冉庄地道战展厅”门匾。1988 年 7 月，吕正操为冉庄地道战纪念馆题词：“克敌制胜的创举，人民智慧的结晶。”1995 年，孙毅分别写下“烈士陵园”和“平原抗日战争博物馆展厅”。

旧馆展厅陈列。展陈面积 350 平方米，展出文物 431 件、照片 235 幅、景观 2 个、雕塑 1 个、模型 4 个。展厅内珍藏一级文物 4 件、二级文物 17 件、三级文物 77 件。展厅陈列分为 4 个部分。第一部分主题为“日寇侵华，全民抗战”。第二部分主题为“人民的创造，冀中开展地道战”。第三部分主题为“冉庄地道战，痛歼日寇敌丧胆”。第四部分主题为“前事不忘，后事之师”。展厅以聂荣臻、吕正操、杨成武和孙毅的题词为结束语。

冉庄地道战纪念馆新馆　冉庄地道战纪念馆新馆位于冉庄村南，于 2008 年 10 月 15 日动工建设，2010 年 7 月初完成主体工程，2010 年 8 月底完成布展，2010 年 9 月 3 日正式开放。

新馆与周围环境相协调，与整个村庄融为一体，体现了抗日战争时期的冉庄与具有现代文明的冉庄。新馆外部装修使用外挂石材，展厅入口门东侧墙面悬挂聂荣臻题写的“冉庄地道战纪念馆”。纪念馆维护结构采用加气混凝土砌块，屋面保温采用憎水珍珠岩板，达到节能目的。新馆建筑面积 3460 平方米，其中展厅面积 1800 平方米。接待游客每天 7000 人次。新馆广场铺装地面 2200 平方米，停车场 4650 平方米。道路 900 平方米，

冉庄地道战纪念馆新馆展厅入口（一）（2018 年）

冉庄地道战纪念馆新馆展厅入口（二）（2018 年）

绿化 5760 平方米。展厅内新增多媒体展示影片《地道战》剪辑和部分声光电地图。光电绘画图表 36 个、多媒体展示 11 处，采用现代化的展示手段，声、光、电等多媒体综合表现手法，展示手段先进，达到身临其境的效果。

新馆展厅陈列分为 3 个部分。序厅迎面为大型群雕。背景左侧以巨幅绘画形式表现民兵利用地道作掩护与日军周旋，中间巨幅照片是冉庄地道战遗址，右侧巨幅绘画表现全民参与挖地道的情景。古槐树模型上悬挂着大铁钟，十四响的钟声，代表着中华儿女艰苦卓绝的 14 年抗日斗争历史。

前言介绍了 1931 年“九一八事变”，日军侵占中国东北三省。1937 年“七七事变”爆发，日军大规模增兵，华北大地满目疮痍。面对武装到牙齿的敌人，冀中军民心连心，共同抗日，在无险可守的冀中平原上开创了地道战这一特殊、有效的作战方式。

展厅陈列内容分 4 个部分。第一部分：“冀中人民，奋起抗争”。第二部分：“冀中地道，大显神威”。第三部分：“冉庄地道，名扬天下”。第四部分：“乾坤重振，历史丰碑”，主要以照片形式展示。新馆藏品 431 件、展品 261 件、定级文物 98 件、照片 94 幅、雕塑 6 组件。

新馆新增通遗址地道约 150 米，恢复地下作战设施 5 处、庙宇 6 处、民居 60 余处。

纪念馆文物　一级文物 4 件：

奖旗。1945 年 5 月，清苑县人民武装委员会在冉庄村召开庆功大会，将冉庄村公布为“地道战模范村”，授予奖旗一面。奖旗由原民兵队副队长梁连恒秘密保存，1959 年

冉庄地道战纪念馆新馆展厅一角（一）（2010 年）

冉庄地道战纪念馆新馆展厅一角（二）（2010 年）

建馆时梁连恒将此旗捐献给冉庄地道战纪念馆。1997年5月23日，由国家文物局全国一级品近现代历史文物（革命文物）鉴定确认专家组确认为一级革命文物。

张森林遗诗《从戎赋》。张森林1938年春参加抗战时所写，后由梁连恒保管。1961年，梁连恒捐献给冉庄地道战纪念馆。1997年5月23日，由国家文物局全国一级品近现代历史文物（革命文物）鉴定确认专家组确认为一级革命文物。

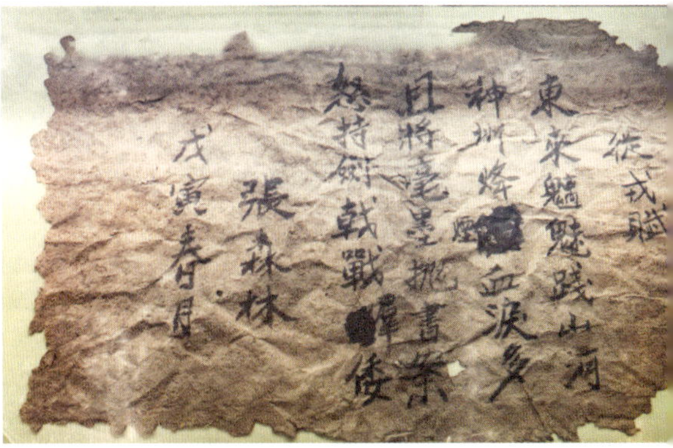

1938年春，张森林参加抗战时所写的《从戎赋》

张森林遗诗《就义辞》。1943年张森林牺牲后，高志等人用清水洗其身时，从他的内衣袋中发现了该诗稿，高志收藏，1961年捐赠给冉庄地道战纪念馆。1997年5月23日，经国家文物局全国一级品近现代历史文物（革命文物）鉴定确认专家组确认为一级革命文物。

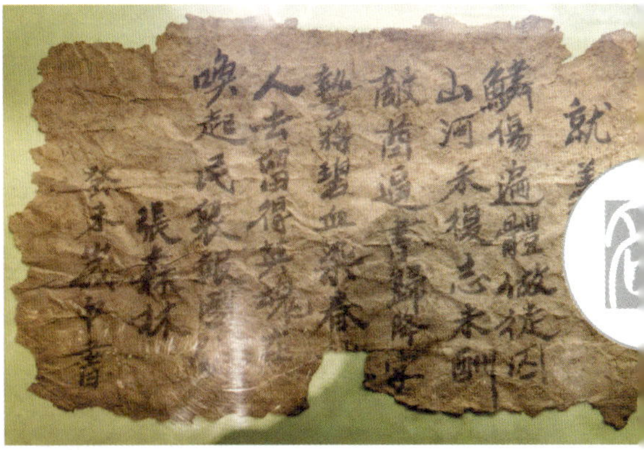

1943年，张森林牺牲前所写的《就义辞》

榆木大炮。1942年，冉庄民兵制造的土炮。长2.98米，直径0.28米。炮身为榆树树干，内部掏空嵌上铁皮，外以铁丝缠绕加固。1961年，梁连恒将榆木大炮捐献给冉庄地道战纪念馆。2001年11月2日，由河北省文物鉴定委员会、全省馆藏近现代文物鉴定专家小组确定为一级革命文物。

二级文物：有1945年清苑县武委会奖给冉庄村的托盒1把；中华人民共和国成立后王寿才捐献的撅枪1号，李恒木捐献的撅枪2号；1989年乔军、陈树仁捐献的1943年拍摄的冉庄女民兵照片等。

1943年，抗日战争时期冉庄女民兵（冉庄地道战纪念馆展厅照片）

三级文物：有挖地道用过的镐、铁锨、辘轳和照明灯；民兵集合作战使用过的铜锣、军号、牛角号；地下兵工厂制作的土枪、土炮、地雷、手榴弹、翻火子弹及使用过的工具；烈士遗物、遗诗、资料、照片、奖旗及抗日支前使用过的纺车、织布机、运输工具、救护伤员的担架及当时珍贵的资料照片等。

冉庄地下兵工厂制造的撅枪

1942 年，冉庄民兵制造的榆木大炮

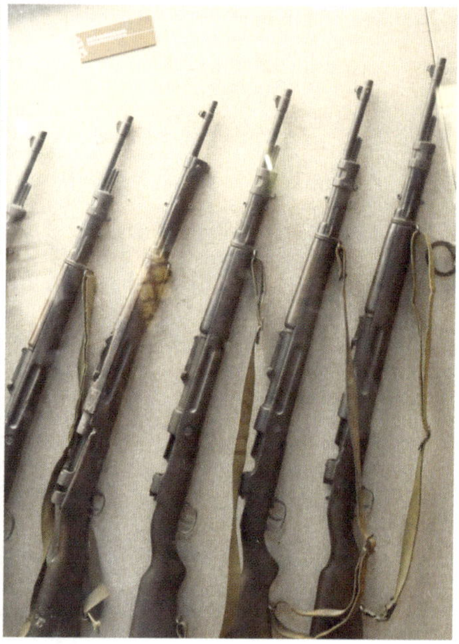

冉庄民兵使用的正式步枪

冉庄地下兵工厂制造的鼠夹雷

冉庄民兵使用的牛角号、军号

冉庄党支部使用的油灯

冉庄地下兵工厂制造的手榴弹头、硫酸雷、水壶雷

说明：上图均为冉庄地道战纪念馆展厅展品。

冉庄古村落保护区

村落格局 冉庄古村落景区建设控制地带46.54万平方米。十字街把全村分成4个比较规则的区域，其他或笔直或弯曲的小街小巷错落有致，连通各家各户。街道两旁和农家院内，各色的树木浓荫蔽日。

民居类建筑特点 民居类建筑大都以四角平齐，青砖打斗式样为主。屋顶四周略高，中间平顶，由后向前渐低，房屋前檐有“水道”用于排泄雨水，俗称“瓦口”。一般的房屋墙体离地面一米左右用芦苇或木块作间隔，以防止碱化上延，延长房屋寿命，俗称“横碱”。“横碱”以下横砖卧垒，以上陡砖砌墙，墙体较厚，内部多为土坯。门窗较小，可抵御北方冬季的寒风和夏季炎炎的烈日，防寒防暑效果良好。房屋的前檐、门窗上檐以及瓦口处多砌有砖雕，形态各异，图案以蝙蝠、寿桃、向阳花等为主。

店铺类建筑特点 店铺类建筑矗立主街两旁，前檐和屋顶铺设灰瓦，主体后部皆为平顶式，青砖打斗四角齐，与农户房屋建筑风格基本相似。前檐建筑风格则有明显区别，大都前出房檐，探出墙体的部分铺瓦，上砌女儿墙，砖雕更加丰富，没有门窗之分，一律为板搭门。

檐口砖雕（2018年）

水口（2018年）

冉庄沿街店铺（2017年）

福
福

庙宇类建筑特点 庙宇类建筑都是“起脊”和“两坡顶”式建筑，屋顶以下建筑部分与农户建筑房屋类同。

著名的庙宇有青佛寺、关帝庙、三官庙、五道庙、青神庙、龙王庙、双庙（路北是周公庙，路南是观音庙）、老爷庙、老母庙等，并有教堂一座。其中规模最大的是青佛寺。青佛寺共有两座，一座在村内，遗址在纪念馆旧馆对面，一座在村南，当地人习称村内的为“北大寺”，村南的为“南大寺”。

抗日战争时期，这些庙宇大都连通地道工事，民兵依庙为屏，庙助民兵为战，这些庙宇工事为地道战曾立下功劳。如村东侧路北有周公庙，路南有观音庙，民间通称为双庙。1945 年春，一场双庙地道战，民兵 30 余人凭仗地道优势，先后击退 3 个团的伪军和大批日军，毙敌多人，民兵李明贵击毙伪团长 1 名。北大寺的石臼搬到街旁做了石头堡，高 1.2 米的铁钟，挂在了十字街的古槐树上，为人们敲响报警信号。

关帝庙“起脊”（2017 年）

南大寺。南大寺在冉庄村南。明朝时由村内大户刘家出资兴建，香火最旺。刘家祖上出过两个举人，在当地很有名望。

北大寺。冉庄村大户刘家修建南大寺后，又出资建北大寺。北大寺在原地展馆对面，正中大殿三间，中间供奉佛祖释迦牟尼，大殿顶端筑有钟楼，高 8 米，吊挂 1.2 米高的铁钟，寺院整日香烟缭绕，信徒往来不绝。民国时期，全国各地开展大改良运动，冉庄村很多庙宇被拆除，有的改作学堂，北大寺也被拆毁，所吊大铁钟被人秘密保藏。抗日战争全面爆发后，人们把铁钟吊挂在十字街的古槐上，通报敌情。抗战后期，因物资匮乏，大铁钟不得不被运到地下兵工厂，制成武器子弹。

三官庙。三官庙位于冉庄村南端九龙河桥北。三官庙为民间俗称，受奉者为唐尧、虞舜、大禹。此庙濒河临桥而建，抗日战争时期，清水河傍村侧横穿东下，形成一道护卫冉庄村的天然屏障。清水河南大桥为南北大道的交通咽喉，故三官庙封闭庙门，壁设多处射击孔，下通地道，改建成一处把守南大桥的主要火力射击点。该庙 1958 年被拆毁，庙墙内藏一木板，上书“明嘉靖十七年复修，始建年代不可稽考”。1987 年修复。修建前，庙前曾有六幢碑，最前面的是建庙碑记。

关帝庙。关帝庙坐落在村内十字街中心地带，是冉庄村香火最旺的庙宇。冉庄村民自古就有习武崇义的传统，他们崇敬忠义勇武的关羽，在关公武神的感召下，演武台刀剑闪烁，枪棒生风，出了许多忠义之士。每逢年节或比武之日，武士们都首先去关帝庙

三官庙（2005 年）

关帝庙（2005年）

拜谒武圣人关老爷。关帝庙殿3间，塑像3尊。抗日战争期间，此庙作为冉庄抗日武装委员会办公地点。

三皇庙。三皇庙位于冉庄村南大街西侧，供奉着伏羲帝、神农帝、黄帝。后人称三皇庙为青苗神庙，简称青神庙。

古村落保护 中华人民共和国成立后，冉庄村落面积扩大将近一倍，但古村落格局依然保持着原始风貌，是冀中平原完整保存历史风貌的村庄之一。

保护规划。1987年，国家投资收购了冉庄村十字街两侧房屋68户，明确产权归国家所有，住户仍有使用权。清苑县人民政府随即发布公告，确定冉庄村保护区面积为30万平方米，重点保护区2万平方米，几乎涵盖了整个古村落。2005年，河北省古建研究所对冉庄地道战遗址重新进行了规划，规划文物保护区面积19.93万平方米，建设控制地带46.54万平方米，所有地上地下建筑物特别是传统民居、古式庙宇、地道、地道口、地上地下作战工事、两条护村河遗存以及两棵古槐等都纳入其中，规划得到国家文物局和河北省政府正式批复，为文物保护和利用提供了科学依据。

保护现状。2007年，冉庄村被建设部、国家文物局公布为中国历史文化名村。至2018年，全村保有20世纪30年代及以前建造的房屋115处，其中十字街保护范围内68处；20世纪40年代建造的房屋155处；20世纪50年代至60年代建造的房屋226处；20世纪70年代至80年代建造的房屋128处；20世纪90年代建造的房屋69处。

沿着新修建的环村公路前行，首先映入眼帘的是九龙河维修后的旧貌，河床宽阔，

冉庄村东街（2005 年）

垂柳依依。越过南大桥进入保护区，古老的房屋庙宇、战时的作战工事、粗壮的古槐仿佛让人回到二十世纪三四十年代，真真切切地感受到冉庄古村落的气息。

文旅特色小镇建设

新建景区　文旅特色小镇项目总占地面积 333 万平方米，核心建设区约 133 万平方米，计划总投资约 22 亿元，总建筑面积 29.5 万平方米，设置了游客旅游商业服务、红色文旅（含景区内食住行）、军事主题体验、红色田园度假 4 个景区板块。

综合体验区。位于冉庄镇冉庄村东南部，有乡道 313 线从项目用地内部穿过。占地

文旅特色小镇商业街区（2019 年）

樱桃园（2019年）

总面积为52万平方米。该综合体验区规划8个区域：航空滑翔翼区、实弹射击靶场区、综合训练基地区、商业街区、配套设施区、娱乐区、民宿休憩区、徽派建筑区。至2019年12月底，完成商业街一期建筑主体、内部装修、路面铺设及中心广场建设。商业街一期涉及店铺共60个（含配套设施、公共用房），总建筑面积约1800平方米，商户已开展运营工作；休闲广场喷泉建设完成。

田园综合体验项目区。位于冉庄村东南部窑坑北侧，乡道313线两侧。包括6个种植地块，总种植面积为124万平方米，至2019年12月底，已种植果树作物12.5万平方米。其中樱桃树5.2万平方米、珍珠枣油桃树1.6万平方米、冬枣树3.3万平方米、枣油桃树2.4万平方米。

新建景点 冰雪乐园。位于冉庄村东南部，总面积2.7万平方米，包括戏雪区、

冉庄冰雪乐园——滑雪场（2019年）

滑雪区、滑冰区等。至 2019 年 12 月底，雪具大厅已经完成主体钢构和门口过梁以下外墙砌筑。滑冰场、木栈道、临时雪具大厅已经建设完成，滑雪场已经达到试运营标准。

红薯博物馆。位于冉庄镇冉庄村商业街中心广场北侧。占地面积约 1.3 万平方米，总建筑面积 1894.21 平方米。至 2019 年 12 月底，完成基础及钢结构建设。

实弹射击场。位于冉庄镇冉庄村商业街中心广场东侧。项目场地选址占地面积约 4.6 万平方米及约 2.7 万平方米缓冲地带。至 2019 年 12 月底，完成围挡、临时板房和工人宿舍等基础设施搭建。

徽派建筑项目。位于冉庄镇冉庄村窑坑板块最南部，占地面积约 5.3 万平方米。至 2019 年 12 月底，向徽派建筑园提供了占地位置坐标高程等信息，正在调整规划详细方案和部分业态内容。

综合训练基地、马术、百花园和三角翼飞行项目。至 2019 年 12 月底，已完成项目的概念规划，进入与投资商正式洽谈阶段。

红薯博物馆（2023 年）

遗址保护及基地建设

规划保护 自1959年建馆开始，国家不断投资对地道战遗址进行修缮保护。1955—1977年，河北省爱国主义基地建设领导小组拨款对部分地道及保护区民居进行修缮。1959年10月，国家拨款修复地道281米。1964年，国家拨款建展室9间。1965年11月，国家拨款修复地道150米。1975年5月，国家拨款3万元修复地道147米。1987年，河北省文物局报请国家文物局拨付专款50多万元，将重点保护区十字街的68户279.5间房屋收归国有，修复地道145米。1988年，清苑县政府出资征收沿街的一些受保护民居，规定村民只有居住权，不得擅自拆除、改建，现沿街保护民居及环境基本保持了原貌。1991年10月，国家财政拨款20万元建展室19间，建筑面积960平方米。1995年，经河北省爱国主义教育基地建设领导小组批准，省、市、县投资278万元修复了500米地道、地下兵工厂和1500平方米停车场，对原有陈列进行重新布展。2002

景区宣传栏（2019年）

年，河北省爱国主义教育基地建设领导小组批准投资72万元新建影视厅。2002年，县、乡、村三级多方筹措资金，修通了县城通往冉庄的旅游专线公路15千米，硬化村内道路2000米，绿化、美化道路3000米，安装路灯100盏。

2003年11月至2005年1月，中共中央政治局常委李长春先后3次对冉庄地道战遗址保护作出重要批示，并于2004年11月9日视察冉庄。之后，国家文物局、河北省文物局、财政部、国家发改委、交通部对冉庄地道战遗址保护从立项到资金都给予了大力支持。2005年8月26日，国家文物局正式批复《冉庄地道战遗址文物保护规划》，规划期限15年，资金总投入1.074亿元。

三大工程建设

2006年，制定《冉庄小城镇建设发展规划》和《冉庄旅游发展规划》，文物整体保护工程、纪念馆迁建工程和基础设施建设工程等三大工程正式启动。先后完成保护区内房屋、街道、树木的调查统计、环境治理和资金测算等基础性工作，制作《地道战分布图》《冉庄村抗战前村落图》《冉庄村形状图》。

文物整体保护工程　包括两类项目。一是文物本体维修项目，包括文物房屋维修，地道修复，地上作战工事、地下作战工事修复。二是文物环境治理项目，包括排水、消防安防、护村壕疏通、非传统民居改造等。至2010年，先后修复地道1200米、地下作战设施5处、庙宇6处，修缮民居60余处，加固绿化护村壕1600米。完成消防管道2662米、排水管道1232米。新搜集各种文物、藏品100多件，相关历史资料200多套，相关图片

1944年，清苑县抗战大队党总支书刘政（曾任中国人民解放军第66军军长）照片

1944年冬，之光县游击队指导员费国柱（曾任河北省军区政治委员）照片

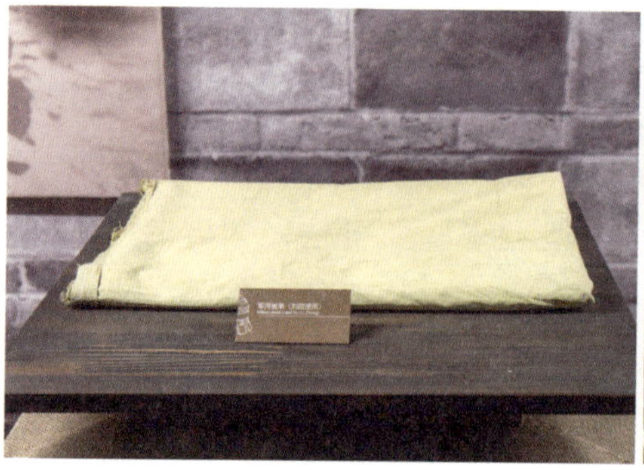

刘政用过的军用被单（冉庄地道战纪念馆展厅展品）

费国柱用过的皮带、手枪（冉庄地道战纪念馆展厅展品）

上万幅。主要有清苑县抗战大队党总支书记刘政（曾任中国人民解放军陆军第66军军长）用过的军被、之光县游击队指导员费国柱（曾任河北省军区政治委员）使用过的手枪和皮带、中共九地委城工部工作人员驻冉庄时使用过的灰被单、缴获敌人的战利品等。

纪念馆迁建工程 三大工程中的重点工程是纪念馆迁建工程。依照《中华人民共和国文物保护法》有关规定，纪念馆必须迁出保护区。2007年底，河北省基地办确认新馆总投资1780万元，其中中宣部、省委宣传部共支持780万元，其余1000万元由保定市、清苑县分担。新馆于2008年10月15日动工建设。

基础设施建设工程 主要是新馆主体工程建设。新馆位于冉庄村南九龙桥西南侧，占地1.6万平方米。新建主馆约3460平方米，其中展厅面积约1800平方米，建设新馆通遗址地道约150米，建设办公和附属设施用房约980平方米。新馆主体工程建设于2010年7月完成，2010年8月底完成展厅布展，2010年9月3日正式开放。

基地建设

冉庄地道战遗址作为第二次世界大战中中国人民抗击日军的一处重要战斗遗址，先后被国务院、团中央、中宣部、国家国防教育办公室列为首批全国重点文物保护单位、全国青少年教育基地、全国爱国主义教育示范基地、国家国防教育示范基地。

全国爱国主义教育示范基地 1997年6月，冉庄地道战遗址被中宣部命名为全国爱国主义教育示范基地。为增强爱国主义教育示范基地宣传教育功能，通过媒体宣传、活动培养、典型推动、环境熏陶、文学艺术感染等途径，进行生动的爱国主义教育。利用元旦、国庆、“七一”建党日，组织广大干部职工、学生代表以及企事业单位等党员团体开展新党员入党宣誓、老党员重温入党誓词等活动。参观游客中，学生及企事业单位以集体参观形式接受爱国主义教育占参观总量的60%。先后有石家庄陆军指挥学院、北京

游客有序参观展厅（2018年）

解放军某部在冉庄地道战遗址开展国防教育（2000年）

日本学研究中心、中国地质大学等80多所大中专院校成为纪念馆的共建单位，将纪念馆定为定点爱国主义教育基地。

全国青少年教育基地 1995年1月，冉庄地道战遗址被共青团中央确定为全国青少年教育基地。为充分发挥全国青少年教育基地作用，邀请电影《地道战》主要演员对青少年进行爱国主义教育。聘请冉庄老民兵担任义务讲解员、馆外辅导员，对青少年讲述抗日战争时期冉庄民兵抗击日军的英雄事迹，激发其爱国热情。与团区委、区教育局等部门共同开展入党、入团、入队宣誓等主题教育活动，强化青少年教育基地的教育效果。针对学生研学活动，设计“四个一”课程，即观看一部教育片、听一次革命历史讲解、钻一次地道、看一次文物遗址。通过“红色之旅”，激发学生们的爱国情怀，成为国家合格的接班人。

国家国防教育示范基地 冉庄地道战遗址为第二次世界大战冉庄人民抗击日军的一处重要战争遗址，2009年11月，被国家国防教育办公室命名为国家国防教育示范基地。为发挥国防教育示范基地作用，针对学术研究团体、军人、青少年、一般游客等不同的参观人群拟定了多套不同的讲解词，坚持经常教育与集中教育相结合、普及教育与重点教育相结合、理论教育与行为教育相结合的原则，采取多种教育形式，加深参观者印象。利用全民国防教育日和其他重大节日、纪念日、学生军训等时机，有计划地组织各种专题活动，开展系统的国防教育。在参观、讲解过程中渗透国防知识，使参观者明确国防建设的重要性，树立牢固的国防观念。

电影《地道战》剧照（一）

电影《地道战》剧照（二）

电视剧《地道战》拍摄场景（2010 年）

影视拍摄基地 1963 年初，八一电影制片厂工作人员选定冉庄村为《地道战》主要外景拍摄地。当时冉庄村十字街有 3 棵老槐树，唐庄有 3 棵古杨树，李庄有古朴的砖房和整齐的街道，工作人员将这些场景巧妙组合，形成了影片中的高家庄。影片中的老槐树和大钟也成为电影《地道战》中的经典道具。《地道战》在冉庄村首映时，场面非常热闹，不仅冉庄村民争相观看，十里八村的村民也是早早来到放映场地。刚开始每晚放映一场，村民天天都看，基本台词都会背了。

1966 年 1 月，电影《地道战》公映，在社会中引起强烈反响。由于冉庄古村落具有浓郁的冀中风情且保护完整，之后，许多影片如《烈火金刚》《敌后武工队》《平原游击队》《刘关张传奇》《擎天柱》《模范边区晋察冀》《平原诗篇》《滹沱河风云》等都曾在此拍摄。

电视连续剧《地道战》改编自电影版的《地道战》，被列为抗日战争胜利 65 周年献礼片，主要镜头均在冉庄地道战遗址拍摄。剧组于 2009 年 10 月进驻冉庄村拍摄外景，2010 年 9 月开播。

旅游宣传

红色旅游宣传 2004年开始，清苑县地道战遗址文物保护管理委员会办公室（简称地管办）每年都派出工作人员前往北京、天津、江苏、广州、山西、邯郸等地参加旅游促销会。特别是2005年，先后邀请中央、省市各级新闻媒体300多家、记者800多人到访报道，提升了景区知名度。2005年6月，与八一电影制片厂共同举办抗战胜利60周年暨中国电影100周年、电影《地道战》发行放映40周年活动。中央电视台、新华社、《解放军报》、《军营文化天地》、《中国电影报》以及省市20多家媒体对活动情况进行了全面报道。2005年7月，中央电视台七套《乡村大世界》栏目制作了长达85分钟的《红色旅游——今日清苑》专题片，全面介绍了冉庄红色旅游资源和清苑特色产业。中央电视台七套播出了冉庄地道战遗址环村路奠基仪式。2007年初，冉庄地道战遗址在参选中央电视台二套《为您服务·旅游风向标》栏目组织的《跟着老电影去旅行》旅游线路评选活动中，被评为“中国十大完美旅游线路”之一，《人民日报》等各级报刊发表宣传冉庄红色旅游文章100余篇。

2011年，人民日报社工作人员在冉庄纪念馆开展主题活动

2019 年“中国农民丰收节”暨清苑区乡村文化旅游节现场

共筑振兴梦
民丰收节
丰
豊

政策法律宣传　加强政策引导。2016 年 8 月 19 日，冉庄镇、清苑区司法局、地管办联合举办了景区法制宣传活动，在九龙河桥头、冉庄村古槐下等人员密集场所分别设立咨询台，为过往群众和游客发放《中华人民共和国文物保护法》《中华人民共和国旅游法》《历史文化名城名镇名村保护条例》等宣传资料 1 万余份，同时在景区内及周边道路悬挂条幅 150 条，既提高了村民的法律意识，促使其配合景区整改，又提高了游客的文明参观意识，改善了旅游秩序。

地道战精神宣传　组建 3 支队伍。党课讲师队伍，为前来开展党日活动的党员团体提供党课宣讲；红色文化宣传队伍，讲解员们利用快板、手语、舞蹈等群众喜闻乐见的形式，宣传地道战精神，激发游客参观热情，寓教于乐；由单位退役军人及优秀讲解员组建了 12 人的国旗班，每周举行升国旗、唱国歌仪式，经常引起游客伫立观看并高唱国歌，对引导人们爱国爱党爱家乡起到了很好的示范引领作用。传承红色基因。通过展厅门前悬挂国旗、高音喇叭播放爱国爱党歌曲、LED 彩屏循环播放视频等多种形式，宣传红色文化。在景区及景区周边设置文化墙 6 处、宣传栏 14 处、宣传牌 58 块，旅游路增设地道战主题雕塑 4 处，弘扬地道战精神。

“中国农民丰收节”　2019 年 10 月 18 日，保定市 2019“中国农民丰收节”暨清苑区乡村文化旅游节在冉庄文旅特色小镇举办。活动在喜庆的锣鼓声中开始，表达出农民丰收喜悦的心情。活动中，优质特色农产品展示品种多样，百米长桌上的丰收宴丰富多彩。文艺演出歌曲、舞蹈、朗诵依次上场，歌声在徜徉，丰收的喜悦在绽放。在主场区的一侧，农民趣味运动会欢乐上演。小朋友们以庆丰收为主题，现场进行题为“童话乡

保定市 2019“中国农民丰收节”暨清苑区乡村文化旅游节农作物展示（2019 年）

村，礼赞丰收”书画创作，长长的画卷，充满童真童趣，表达着孩子们庆祝丰收的喜悦。整个活动呈现出硕果飘香、秋色炫目之景。

线路

旅游线路 冉庄地道战遗址景区是全国百家“红色旅游经典景区”之一，也是“中国十大完美旅游线路”之一。线路以家喻户晓的红色经典影片为主线，串联晋察冀边区革命纪念馆、白求恩柯棣华纪念馆、狼牙山五勇士陈列馆、冉庄地道战遗址纪念馆、保定军校纪念馆等著名景区。一日游：北京、天津—西柏坡—冉庄地道战遗址。二日游：第一天，北京（天津、石家庄）—保定—保定军校纪念馆—冉庄地道战遗址—晋察冀边区革命纪念馆。第二天，狼牙山五勇士陈列馆—白求恩柯棣华纪念馆。

主要交通线路 北京—冉庄地道战遗址：走京港澳高速公路，河北省清苑区路口下高速，南行 3 千米处路右侧即有通往冉庄地道战遗址的省级旅游专线公路。石家庄—冉庄地道战遗址：走 107 国道或京港澳高速，到望都下道，走省级旅游线向东行 20 千米到冉庄地道战遗址。衡水—冉庄地道战遗址：衡水至保定公路到张登（电影《地道战》中的“黑风口”)，西行 9 千米到冉庄地道战遗址。

规划线路 2021 年冉庄文旅特色小镇建成后，以上从外地到冉庄的线路不变。境内线路：好梦林水—冉庄文旅特色小镇—大李各庄林场。其中冉庄文旅特色小镇具体线路还在规划设计中。

景区管理与服务

景区管理

景区整改提升 2017 年初，按照省旅游委巡查出来的问题，冉庄镇和地管办进行了历时 5 个多月的集中整治。首先对存在的问题进行了全面梳理，对于应改且能改的立刻整改；对于冉庄镇和地管办无法做到但可协调其他部门帮助解决的，协调相关部

游客中心（2019 年）

为游客准备的座椅、轮椅、饮水机等（2019 年）

冉庄地道战村落遗址介绍牌（2019 年）

门配合整改；对于当时无法达到的整改目标，订立长期的规划，从长远上下功夫。

旅游环境治理。成立冉庄环境综合治理办公室，冉庄镇、地管办、文化广电新闻出版局、景区派出所等部门对遗址保护范围内牌匾、摊点、卫生及餐饮等进行综合治理。同时成立了卫生队，专门负责景区卫生环境治理，规范景点，统一经营。

景区集中整治。统筹相关部门，拆除 62 户商家的 83 处违章违规设施，其中彩钢棚 2 处，大型跨路牌匾 4 块，电线杆上悬挂的大型永固性广告牌匾 25 块，电线杆 1 处，移动广告牌匾 51 处。先后 4 次进行联合执法行动，共拆除蒙古包、鼓楼、彩钢棚等违规建筑、设施及牌匾 283 处，封堵了 14 个私人景点的 51 个地道口，使景区环境和服务水平得到提升，冉庄地道战遗址旅游精品线路的雏形逐步呈现。

完善游客中心功能。完善景区游客中心功能，将承包给个体的游客中心收回，重新进行装修布置，增设医务室，配备专职医生。购物中心增加具有当地特色的古城蚊香和红薯粉条等。增设座椅、轮椅、饮水机、雨伞、拐杖、婴儿推车等，免费为游客提供。

规范停车场。对停车场进行重新规划，设置大、小车分区，在停车场进出口增设电子门禁系统，购置了景区巡视电瓶车，抽调 6 人，每天对景区进行不间断巡视。每天通过电子屏向游客推送景区动态、宣传资料、参观须知等内容。新建占地 5.3 万平方米的高峰期应急停车场，设置大车位 60 个、小车位 1100 个，满足了停车需求，解决了高峰期车辆停放问题。

增设标识。在保定市朝阳南大街至冉庄景区道路两侧和望都县至冉庄景区道路两侧增设 30 余块景区道路指引牌。对景区内所有的标识标牌进行重新设计、制作、安装，背景颜色全部采用与景区主体颜色协调的棕色，内容为中英文对照，采用规范的公共信息标识。针对导游全景图内容不完善和导览图标识模糊的问题，重新制作安装了景区全景导览图，增加了中英文对照投诉电话和急救电话等内容。

景区服务

完善服务功能 突出红色内涵。以“物”为媒介，教育感染游客。对 60 多户文物房屋进行了抢修；恢复高房、庙宇等 9 处作战工事；延长地道 600 米，修整后的护村壕和古朴的十字街道成为参观景致，改善了参观环境，使参观时间延长半个小时。以“文”为媒介，教育感染游客。发放《地下长城》《地道战专刊》等书籍。建设了影视厅，为游客免费播放电视专题片、光盘等。以“人”为媒介，教育感染游客。配备 20 名专职导游员，编写了几种适合不同人群的解说词，增强教育效果；对接网络，加快智慧景区智能化，将景区现有景观以 3D 全景的形式通过网络展现给广大游客；完成了“码上游”项目，采用微信植入的形式，实现了利用智能手机扫描二维码自助讲解；为方便广大游客对网络的运用，对景区进行了 Wi-Fi 覆盖，景区的服务接待能力大大提高。

提高服务水平 采取多种形式，定期组织职工学习《中华人民共和国文物保护法》、旅游法规、安全保卫等知识和技能，通过培训、岗前动员、统一着装等一系列规章制度，规范职工的服务行为。参观景点各种标志标识落实到位，定点发票处或现场领票处标志醒目，并随票发放“游客参观导游图”和“游客须知”及“游客参观区域图”，使游客在参观前了解展厅布局，安全通道和服务设施等情况，提高参观效率。在停车场、展厅、旧址尤其是地道内增设标志标识；做好讲解员、保安员、保洁员等专业人员的招收和培训，讲解人员增至 30 名；制定文物安全、人员安全、设施安全防范等各类突发事件应急预案，成立突发事件处理小组。增设休息椅、饮水机、垃圾箱、讲解用的扩音器等服务设施；每天对游客参观区域内的电力线路、灭火器、应急指示灯及各种指示牌、警示牌进行检测。每日测算游客流量，及时做好疏导，防止人流高峰时段因游客过于集中造成人员拥堵、受伤，影响参观效果。加强对展厅、地道等重要部位的监控，在地道内安装了监控系统、应急照明、应急排风、应急排水、人员定位、有害气体监测、手机通信等 7 大系统，同时安装防护栏和防滑条，并在地道内循环播放安全须知，确保了地道内游

客及地道文物安全。设置了游客留言簿，针对游客反馈意见与建议，及时做出相应调整。

建设旅游路 2016 年争取 7900 万元的红色旅游公路建设项目，对冉庄旅游路进行改造。2017 年 3 月开工建设，建设标准为二级公路，长 15 千米。该路东起保衡路田各庄路口，途经北店乡、白团乡、冉庄镇 3 个乡镇，西至省道大灵线。其中保衡路田各庄路口至大张庄段改造，路线长 12.2 千米；旅游路新开线起于大张庄村西，向西经三房村，向南止于冉庄镇附近省道大灵线，与冉庄村西环路对接，路线长 2.8 千米，路宽 12 米（两侧设有彩色路面），两侧设 0.25 米路肩。同时在旅游路两侧各设 10 米景观绿化带、40 米宽绿色廊道。2018 年 10 月竣工通车。

绿化美化景观带道路 对景观带道路进行绿化美化，全长 1978 米。乡道 313 线两侧道路绿化设计长度 1176 米，35280 平方米。至 2019 年 12 月底，冉庄村西外环及九龙河岸南侧已经完成路面铺装及美化、亮化建设，对李庄村路两侧进行 15 米绿化和微地形打造，冉庄村南立面美化、亮化初见成效。

景观带道路（2019 年）

风土民情

冉庄素有唐村宋镇之说，传承着丰富多彩的传统风俗、具有乡土特色的美食小吃和色彩纷呈的方言土语。冉庄镇文化源远流长。以河北梆子为主的戏剧表演和以革命文艺宣传为主的“抗日剧社”等，起到了教化、鼓舞和激励的作用。中华人民共和国成立后，冉庄镇群众性文化活动蔚然成风，民间书法、诗歌征文、广场舞、传统的经会乐班，依然点缀着丰富多彩的群众文化。

生活习俗

饮食习俗

主食　冉庄镇一带居民喜欢吃面食。主食主要有馒头、大饼、饺子、包子、油条、面条。20 世纪 80 年代以后，买早点、买方便食品成为常见现象。进入 21 世纪，大众饮食呈现多元化的特点，各类粗粮重新被重视。

副食　长期以来，冉庄镇居民主要食用自种蔬菜，如大白菜、西红柿、黄瓜、茄子、丝瓜、豆角、辣椒等。20 世纪 90 年代后，蔬菜新品种越来越多。大棚菜逐步推广，运输物流日益发达，贮藏技术不断提高，各类蔬菜在不同季节都能买到。20 世纪 80 年代以前，肉食在农村较为稀有。农民大都在春节前杀猪，家家户户都会腌制腊肉，这些腊肉一直吃到第二年夏天。熬制的猪油叫“腥油”，贮存在陶罐中，能保存较长时间。平常很少吃肉和蛋，一般过节或待客才有机会吃。20 世纪 80 年代后，羊肉、牛肉、鱼、牛奶等消费量逐年提高。其他熟制副食品种类也越来越多。

穿戴习俗

衣服　中华人民共和国成立初期，冉庄镇居民多是用自种的棉花加工成布（俗称“粗布”）缝制衣服。1956 年以后，多数居民用斜纹、卡其、条绒等布料做衣服。20 世纪 70 年代，的确良、涤卡等化纤衣料逐渐增加，居民服装更为讲究，一般夏有衬衣、汗衫、背心，春秋有秋衣、毛衣，冬有棉衣、绒衣、棉大衣、皮大衣等。

20 世纪 80 年代初开始，人们由购买布料定做衣服逐渐转变为购买成衣。从 20 世纪 90 年代开始注重衣服的品牌。年轻人的服装变化最为丰富，服装风格基本与潮流同步。

鞋帽　20 世纪 80 年代，居民穿鞋多数以家做布鞋为主，一些年轻人开始穿购买的成品鞋。春秋季以布鞋、胶底鞋、球鞋为主；夏季穿布鞋、塑料凉鞋、合成革凉鞋、泡沫塑料凉鞋；冬季穿布棉鞋、皮棉鞋、翻毛皮鞋、雪地鞋。高筒皮靴在 20 世纪 80 年代末一度流行。20 世纪 90 年代后，穿家做布鞋的人越来越少，人们开始注重鞋的品牌和样式。20 世纪 80 年代，戴帽子的人较为常见。20 世纪 90 年代后戴帽者越来越少。

饰物 20 世纪 80 年代，居民开始注重佩戴饰物。一些女性佩戴金属戒指、耳环、手镯等。20 世纪 90 年代佩戴黄金等贵金属的日益增多。进入 21 世纪，饰物的材料品种非常丰富，除了传统的黄金，还有铂金、水晶、翡翠、玛瑙、钻石等。

居住习俗

房屋建筑特点 20 世纪 70 年代前，冉庄镇房屋建筑特点基本一样，一般为平顶，青砖外墙，陡砖到顶，内墙为土坯结构。房屋留有若干出水口，出水口有砖雕装饰，房顶无女儿墙。多数房屋采用木格窗，贴窗纸，木板门。室内没有地板，黏土地面直接裸露。20 世纪 80 年代后，机制红砖普遍应用，房屋墙体开始全部采用红砖，告别土坯时代。房顶结构采用松木檩，木椽，苇箔、黏土层、灰渣石灰混合材料，房顶兼有晾晒粮食的用途。松木玻璃门窗开始得到应用，外墙用水刷石、水泥进行装饰，室内开始有水泥地面。20 世纪 90 年代，农村建房开始采用砖混结构，屋顶采用预制空心水泥板，门窗采用铝合金玻璃窗，外墙开始粘贴瓷砖，大部分房屋样式一改过去的平面的前脸，普

二十世纪三四十年代修建的房屋

二十世纪三四十年代的院落

遍采用挑梁式。屋内不再建造土炕，取暖一般生煤火。房屋内更加宽敞明亮，居住舒适。进入 21 世纪，新建房屋设计更加合理，功能更齐全，建筑质量更加坚固，塑钢门窗得到广泛应用，冬季取暖开始采用土暖气。

院落与房屋布局 农户住宅为一家一宅，一般追求宽宅大院，占地半亩以上者极为常见。北屋为正房，有的建有东厢房或西厢房。茅厕、猪圈、牲口棚同在一院，多位于庭院西南部位置。

建房 人们在建房前选择日期，逢吉日动工。动工时，请木工进行立线，接着开槽、打夯等一系列工序。上梁时燃放鞭炮，有的将写有“上梁大吉”的红纸条贴于梁上，有的将画有阴阳鱼的红纸贴在大梁中间，并将用红线捆扎的一双红筷子用铁钉钉上，两边粘贴写有“青龙盘玉柱，白虎架金梁”的对联。如果上梁时逢雨为大吉，俗称雨浇梁。

出行习俗 在出行传统习俗方面，讲究“三六九，往外走”，有“饱带干粮热带衣”的说法。由于人们出行越来越频繁，随着出行工具的改善和旅行条件的提升，这些观念基本淡化了。人们为了祈求出行平安，在春节贴春联的时候，在家门对面墙贴上红纸书写的“福”字和“出门见喜”。无论出行工具怎样变化，到了春节，当地居民一直在出行工具上粘贴书写“日行千里人车平安”的红纸。另外有关出行的，民间还有“出门怕水，在家怕鬼”“风雨不出门”“初五十四二十三，新人不走月忌天”的说法（指每月农历的初五、十四、二十三这三天为月忌天）。

婚嫁习俗

传统的婚嫁遵循“六礼”，即纳彩、问名、纳吉、纳征、请期、迎亲。20世纪50年代后，传统婚嫁习俗简化为相亲、定亲、娶亲3个基本程序以及其他若干风俗。

相亲　即男女双方通过媒人介绍第一次见面的过程。如果双方满意，并双方家长同意后，还要到对方家里了解情况，一般由媒人引见，通常男方先到女方家。

定亲　20世纪80年代，男女双方在媒人的陪同下进城购买衣服布料，互换礼物，男方家长给女方定亲礼金。20世纪90年代后，男女双方进城不再由媒人陪同。2010年后开始流行举办定亲宴席，邀请亲戚朋友参加。定亲之后，男女双方商定办理结婚登记。还有“登记不登空”之说，即登记当天男方赠送给女方一定数额的礼金，有的举办宴席。

迎娶　确定了结婚日，通常提前半个月左右请管事、厨师以及家族成员商议迎娶相关事宜并进行分工，俗称“请将”。结婚前一天为“催妆日”，男方带上与女方的年龄相当数量的“岁数馒头”，另加两个大馒头送至女方家。女方请人将贴有双喜字的嫁妆送到男方家，有的则在迎娶日当天随着娶亲队伍送至男方家。男方家在催妆日前已经支锅垒灶，招待亲朋邻居。21世纪后，出现了上门提供宴席服务的流动餐厅，有的家庭则在饭店举办婚宴。二十世纪六七十年代前新郎迎娶新娘有骑马的，20世纪80年代有骑自行车的，90年代后普遍采用汽车接亲，婚礼用车越来越豪华，有的租用高级轿车。

出嫁　催妆日这一天，女方亲属为出嫁女“添箱”，多用现金。新娘所用的衣物要在迎娶日随娶亲队伍送到男方家，随行的一位或几位男孩负责看管，即所谓的“压包袱”。到男方家之后，男方家须给“压包袱”的男孩一定数额的礼金才被允许搬下包袱。

婚礼　新娘下车的时候燃放鞭炮，新娘被接入新房，随即开席，俗称“下马席”，是一个非常重要的宴席。传统的跪拜天地、跪拜高堂、夫妻对拜已经取消了，改为向双方父母行礼，双方父母给新郎新娘一些礼金。21世纪后开始出现专业主持人主持的婚礼。

闹洞房　当地称为“逗新媳妇儿”。闹洞房的习俗在二十世纪八九十年代以及之前较为盛行，后来逐渐淡化。闹洞房接近尾声的时候，从新郎的嫂子或者婶子当中选择一位儿女双全的所谓“全科人”给新人铺被子，并在床上撒“五色粮食”（小麦、玉米、高粱、黑豆、绿豆）和栗子、花生、枣，寓意早生贵子。一边扫炕一边念叨“上扫下扫，养活了小子满炕跑”，然后边铺被褥边念叨“被边压被边，生个小子能当官；被头儿压被头儿，养活了小子当头儿”。铺炕完毕后，大伙儿离开。

掏灰钱 新娘婚后三天内不干活儿。新娘回门回来后第二天早晨做饭，去柴灶掏灰能掏出婆婆事先放在灶膛里的钱币，俗称“掏灰的钱”。后来因为柴灶被淘汰，不掏灰了，但“掏灰钱”还是要给的。

回门 新娘在婚后第三天（须避开每月农历初五、十四、二十三）回娘家，即回门。娘家举办回门宴。娘家同辈岁数小的和小辈的逗女婿，直到新郎拿出喜钱才罢休。

丧葬习俗 冉庄镇崇尚入土为安，实行土葬。20 世纪 90 年代，实施殡葬改革政策之后，火化推广到农村，但土葬的风俗并没有因此改变，一般火化之后将骨灰进行土葬。丧葬习俗在民俗中最为保守，基本沿袭旧制，例如停灵、吊唁、入殓、下葬、出殡、圆坟、祭奠、居丧等。20 世纪 90 年代后，丧葬程序虽然简化了很多，但主要程序如停灵、入殓、吊唁、出殡等，还基本遵循旧俗旧制。

生育习俗

生育习俗自古以来都是冉庄镇居民重视的礼仪习俗，风俗或禁忌较多，随着社会不断进步，生育习俗发生了较大的变化，但许多传统习俗仍在沿袭。

产妇住房标记 孩子出生后，在家门口拴红布条作为标记，禁止外人入内。生男孩将红布条拴于门左，生女孩则拴于门右。

报喜 孩子一出生，孩子的父亲或叔叔去岳父家报喜。

十二晌 孩子出生后第十二天，设宴接受亲朋好友的祝贺。妇女们可以进产房看望产妇和婴儿，但孕妇回避。主人回赠染上红颜色的“喜蛋”或馒头分享喜意。20 世纪 80 年代，亲朋好友赠送的礼物大部分是“坐月子”所需的物品。90 年代之后，孩子出生后亲朋好友一般改为送礼金。

满月 男孩出生 29 天、女孩 31 天即为满月，俗语叫作“男浅女满”。满月通常要喝“满月酒”，孩子可以抱出来见见生人，并且行“剃头礼”，民间叫“开运”（有些地方在百日剃头）。产妇被接回娘家，俗称“躲骚窝”。

起贱名 旧时民间流传为孩子起小名，越贱越俗才好，认为有利于长大成人。20 世纪 80 年代后起贱名的现象已经鲜见。

岁时节俗

春节 从腊月初八开始，人们陆续备置年货。20 世纪 80 年代，人们主要做豆腐，蒸馒头，蒸年糕，杀猪，买肉，炒花生瓜子，购买糖果、白酒等。随着商品越来越丰富，人们主要购买食品，很少自己加工制作了。吃腊八粥的习俗一直延续，用料有了更多的可选品种。腌腊八蒜依然流行。腊月二十三买糖瓜祭灶。春节前为长辈购买礼品。腊月三十各家各户贴对联，包饺子，请家亲（俗称燎星），晚饭前放鞭炮。从 20 世纪 80 年代开始流行除夕夜一家人观看春节联欢晚会。初一早晨，吃过饺子之后，给长辈拜年，长辈给孩子压岁钱。进入 21 世纪后，除了登门拜年外，打电话、发短信拜年的方式开始流行。正月初二，年轻夫妇到岳父家拜年。初五称为“破五”，包饺子燃放鞭炮。正月十五吃元宵、撒灯花、过花会、放烟花等，过了正月十五，整个春节才算结束。

元宵节 农历正月十五为元宵节。人们称之为“小年”。人们敲锣鼓、放鞭炮、挂灯笼，晚上吃元宵、放烟花。元宵多为购买成品，品种主要以馅为区别，20 世纪 90 年代后元宵品种越来越多。

二月二 当地称为“龙抬头”。按照旧俗，当天人们早起，不可睡懒觉，以免一年精神不振。这天剃头，有使人鸿运当头及福星高照之说，有民谚“二月二剃龙头，一年都有精神头”，冉庄镇一带这天流行摊煎饼、煎腊肉，俗称“熏虫”。

清明节 清明节烧纸祭祖扫墓添土。有的村在清明节这一天扫墓，有的村在清明节前几天扫墓。各学校组织青少年学生为烈士扫墓。

端午节 20 世纪 70 年代前，冉庄镇一带居民没有过端午节的习惯。20 世纪 70 年代后，陆续有人开始过端午节，人们用黏米苇叶包粽子。20 世纪 80 年代后，端午节包粽子成为常态，并在家门口摆放艾草，驱避蚊虫。

中元节 即农历七月十五，被视为上坟烧纸祭祖的日子，各家各户尽量早起，到坟上为已故亲人摆上供品，焚烧纸钱。

中秋节 人们购买月饼、水果、酒以及糕点，并且在节前携带礼品看望长辈。中秋节晚上，一般要在院子里或阳台上放上桌子，摆上月饼、水果之类，先供奉月亮，之后家人才能吃。随着生活水平的提高，中秋节的食品更加丰富。

寒衣节 即农历十月初一，被视为给亡故的亲人“送寒衣”的日子。这天人们上坟，除摆供品、烧纸钱外，还要焚烧象征衣物、被褥之类的纸品。

祭祀习俗

祭祀是冉庄镇民间礼仪中非常重要的组成部分。祭祀活动基本分为两大类，祭祖与祭神。

祭祖 农历的重要节日几乎都与祭祖有密切关系，如春节、清明、中元节、寒衣节，除此以外，先人忌日也必须祭奠，有的结婚之后的第二天或第三天新郎携新娘至祖坟进行祭奠。冉庄镇一带春节祭祖极具当地色彩。除夕日落之后，各家各户首先要“请家亲”，带上干草把（谷秸）、香、鞭炮到祖坟或自家门口请家亲，燃放鞭炮，燃香，请先人回家过年。回家路上不准回头看，到家后，在堂屋神龛或供桌上张贴写有“某氏门中三代宗亲之位”的祖先牌位，一直供奉到正月初五或正月十六。其间，每日饭前先摆上供品燃香磕头跪拜，然后才能吃饭。一般正月初五或正月十六“送家亲”。冉庄镇一带在清明节日前祭祖。立碑一般选择在清明节。寒衣节，即农历十月初一，节前祭祖焚烧“寒衣纸”和冥币。

祭神 即祭祀神灵。为祈求平安、幸福或者为了实现某种愿望而进行的祭祀活动，主要祭祀土地神、灶神、龙王等。冉庄镇一带称灶神为“灶火爷”。腊月二十三家家户户都要祭灶。糖瓜（麦芽糖）是主要供品，有“二十三，糖瓜粘”的俗语。农历二月初二祭祀龙王，民间有“二月二，龙抬头”的说法，意思是蛰伏了一个冬季的龙这天要复苏。这天早上，不能到井里打水，不能动刀杖械具。有些地方搭台唱戏，异常热闹。人们做煎饼煎肉吃，也有“煎肉熏虫儿”的说法。

禁忌

春节期间的禁忌 春节期间禁说“吃完了”“少了”“不够了”“坏了”等词语；正月初一忌扫地；正月初一至初五禁动针线；正月忌剃头理发，民间有“正月不剃头，剃头死舅舅”的说法；忌正月说媒，说是“正月说媒妨媒人”。

日常生活中的禁忌 吃饭时忌筷子敲碗；盛饭时忌筷子放在碗上，忌筷子插在碗里；送礼物忌带奇数；忌下午探视病人；屋前忌栽桑树，屋后忌栽柳树。

婚姻禁忌 在婚配方面，当地民间流传一些“犯相”之说，即属相相克者不可以结亲，迎娶和送亲队伍中要禁忌某些属相的人参加，另外，新娘“下轿”的时候某些属相的人也不能在场。

丧葬禁忌 入殓时忌推算出来的四个属相的人在场，亡者亲属不忌。

美食小吃

冉庄镇的小吃极具乡土特色，多采用当地食材。传统的小吃有苦累、大锅贴玉米面饼子、玉米面窝窝头、红薯面窝窝头、榆皮面饸饹、腊八粥、合子、面筋汤、黏窝窝、燶燶（也叫折饼）、煎饼、摊咸食、铁勺摊鸡蛋、酥鱼、辣椒咸菜、臭豆腐、熬干白菜、烧饼（后来也叫抗战饼）、炸馃子、煎腊肉、麻酱凉面、炸酱面、凉粉、饺子、玉米面菜团子等。

苦累 是北方汉族特色小吃，一种粮食与菜混合而成的食物，粮少菜多。冉庄镇一带的苦累就地取材，形成当地的特色。做苦累选取的粮食就是玉米面，其他材料选择面广，豆角、榆钱、嫩榆树叶、柳树芽、嫩柳叶、红薯叶、槐花、莙荙、野菜等，其中任何一种都可以与玉米面搭配做成苦累。苦累在旧时绝不是美食，而是缺粮年代贫苦百姓解决饥饿的无奈选择。20 世纪 80 年代后，苦累逐步退出人们的餐桌，只是有些喜欢怀旧的或是喜欢吃苦累的人时常做着吃。有些饭店将其作为特色小吃列入食谱菜单。

制作方法：将豆角或榆钱、野菜等其中的任何一种切碎放入盆内，一边撒玉米面一边搅拌，直到菜叶上沾满玉米面为止，然后加入适量食盐。蒸锅上铺一层湿透的白棉

红薯面窝窝头（2020 年）

玉米面窝窝头（2022 年）

苦累（2020 年）

榆皮面饸饹（2020 年）

布，把拌好的生苦累倒在上面，大约蒸 20 分钟即熟。以上是传统的做法吃法，后来人们添加了调料，口感变得越来越好。

榆皮面饸饹 是北方汉民族传统的美食小吃。冉庄镇一带的榆皮面饸饹是其中极具特色的一种，所采用的食材非常独特。其中比较典型的是榆皮面加红薯面或高粱面压制的饸饹，也有榆皮面加荞麦面的。冉庄镇一带榆树种植较为普遍，每年冬天有人专门给人刨树，不要工钱，而是用榆树皮代替工钱。榆树皮带回晾干后，用石碾加工成榆皮面，质量最好的是榆树根皮。榆皮面饸饹的特点是棕赤油亮，口感滑润筋道，味道醇香。由于榆皮面饸饹制作费工费力，榆皮面越来越难得，榆皮面饸饹在 21 世纪后已经一碗难求。

制作方法：去掉榆树干表面的老皮，取其内皮晾干，榆树根皮取下直接晾干。干透后用石碾反复碾压，直至成粉，细箩筛出面粉。把榆皮面和红薯面按 1 : 10 的比例掺好，加水和匀，硬度适当。将饸饹床子放在烧开水的锅上，把和好的面团置入饸饹床子，用力压出，然后按照不同的方法煮食。食用方法和配料基本与面条一样。

麻酱凉面 麻酱凉面是冉庄镇一带一道经典的美食，可谓百吃不厌，适合春夏秋食用，特别是一道夏令美食，口感凉爽开胃。

制作方法：把蒜捣成蒜泥，加醋，拌入适量麻酱，加入适量凉水，同一方向调匀。把黄瓜切成细丝，菜瓜和乳瓜也可。最传统的面条是手擀面，挂面也可以，下锅开水煮熟，笊篱捞出来，放进水盆过凉水，捞出盛到碗里。将调好的麻酱、黄瓜丝放入面条中拌匀即可食用。

玉米面菜团子 冉庄的菜团子馅以干白菜、马齿苋为主，有的加点虾米，最具风味的菜团子是干白菜馅的。菜团子在 20 世纪 80 年代之前非常普及，后来逐步淡出饭桌。20 世纪 90 年代以后，由于人们饮食结构调整或因怀旧心理，菜团子又重新被人们日常食用，成为一种健康食品。

制作方法：做菜团子的关键是和面。和面用开水或即将沸腾的热水，把热水冲入盆里的玉米面上，最好一次就成，用筷子搅拌均匀，温度适当的时候用手揉匀。把用水泡透的干白菜或者马齿苋挤出多余的水分，切碎剁烂，加入熬制好的植物油或猪油，加适量食盐以及其他佐料，捏成鸡蛋大的菜球。取适量揉好的玉米面，拍打成薄片，把菜球包住。蒸锅加水烧开，笼屉或者是箅子上铺浸湿的搌布，把包好的菜团子均匀置入盖好，大火蒸 25 分钟即可。

折饼 冉庄镇一带居民称馕馕为折饼，过年几乎家家必备。由于制作烦琐，所用原料为稷子面，而稷子很少有人种植，20 世纪 80 年代后，许多家庭不再制作，有的用小米面代替稷子面。折饼出锅时呈圆饼状，周围厚中间薄，颜色金黄，由于疏松有孔均匀分布，表面有网状焦黄纹理。折饼适合储存，随时蒸热食用，味道醇香松软，泡在肉汤里吃，口味更佳。

制作方法：传统的制作方法比较费时费力，主要是原料加工和制浆方面。稷子米放入清水中，捞出倒入架起的苇编篓子里，放置一夜，第二天用石碾碾成湿面，并加水调成稀糊状，加入酵母，放在热炕上，盖上棉被，充分发酵后即可摊折饼了。把折饼锅用砖头或石头架起，点火加热，用布团蘸油，或者用肥肉在折饼锅子表面涂抹均匀，有的用猪尾巴擦。然后用小勺舀起稷面糊，倒入折饼锅的中央盖上盖子，待熟后取出即成。由于锅面是球面凸起状，折饼呈圆形的外厚内薄的饼状。

凉粉 冉庄镇一带的凉粉原料取自当地的红薯淀粉，是当地传统的夏令小吃。冉庄凉粉的特点是清凉爽口润滑开胃，凉粉柔软几乎不用咀嚼，可以大口吞食，甚至当地人把吃凉粉说成喝凉粉。在炎热的夏天，人们下地干活又累又热的时候，能吃上一两碗凉爽宜人的凉粉是一种享受。

制作方法：一碗水和一碗红薯淀粉搅拌均匀，锅中放入四碗水，等水开时，把红薯

玉米面菜团子（2020 年）

折饼（2022 年）

凉粉（2020年）

煎腊肉（2020年）

淀粉糊慢慢倒入锅中，边倒边搅拌，此时把火关到最小，等到锅里的红薯淀粉变成透明状且有气泡冒出就可以了。把凉粉放入凉水中浸泡，切成糖块大小，放入碗中，加入凉水、蒜末或者蒜泥、醋、食盐、芝麻油，拌匀即可食用。

煎腊肉　冉庄镇当地百姓每年临近春节大都杀猪，然后把猪肉切成肉方，用铁锅炖熟后，留下一部分过年食用，其余部分装进小瓮或者坛子里，每一层都撒上食盐，低温储存，也是猪肉的一种保质方法，便于随时食用。腊肉能存放到第二年的麦收时节。当地的煎腊肉在20世纪80年代之前，往往被用于款待客人。20世纪90年代之后，农村养猪的越来越少且农民逐渐富裕，日常购买肉食较多，腌制腊肉的越来越少。

制作方法：将腊肉切成薄片，五花肉的最好。小麦面粉加水调成稀糊。铁锅放油加热，用筷子夹起腊肉片蘸满面糊，放入锅中若干片，两面煎至脆黄出锅即可食用。刚出锅的煎腊肉香脆可口。

土特名产

粉条

冉庄镇生产粉条历史悠久，可追溯到清代。康熙皇帝曾赞之为“天下绝品”，乾隆年间，品质进一步提高，被乾隆皇帝称为“贡中绝品”。冉庄镇水土、气候等适宜红薯种植，种植出的红薯淀粉含量高，100 公斤鲜红薯可生产 20 公斤淀粉，出 14 公斤粉条，加工制作出的粉条滑润筋道，富有弹性，远销国内各地，也是当地人馈赠亲友的佳品。但由于粉条加工劳动强度大，技术难度高，过程烦琐，持续时间长，21 世纪以后，掌握这门技术的人越来越少。

粉条第一村 冉庄镇的大张庄村被称为清苑区“粉条第一村”。加工粉条一直是大张庄村民的主要经济来源。2017 年 6 月 19 日，大张庄村民张新乐成立保定市乡土粉条加工有限公司。公司采用先进设备，实现全年生产，卫生标准有了大幅度提高，产品质量有了进一步保证。生产过程中在使用现代机械加工技术的同时，继承了传统工艺的精髓，从外观到品质保持了特有的风味。粉条年产量在 4000 吨左右，采用“公司 + 农户”的经营销售模式，产品销往全国各地，供不应求，市场日趋扩大。

粉条传统制作工艺 通过将红薯充分地碾压粉碎、用水过滤、沉淀等工序取得淀粉，再经过和面、漏粉（成型过程）、冷却、干燥等复杂的手工程序制作成粉条。其中漏粉工序是利用葫芦瓢作为漏斗用拳头振动而成，后来生产工艺有所改进，拳头振动改为铁锤振动，手挽葫芦瓢改为吊葫芦瓢漏斗振动，再后来手工改进为半机械化，漏粉工艺改为吊漏斗打锤振动。粉条可以用不同的原料进行生产，如马铃薯、红薯、木薯等。冉庄镇的传统粉条以红薯为主要原料。

提团。淀粉在当地俗称“团”，也叫“团粉”。“提团”是提取淀粉的过程。先把洗净的红薯磨成糊状粉浆，放在纱布上，加清水边搅拌边过滤，使废渣和淀粉分离，沉淀 12 小时后，将上层的浆水倒出，然后按 1∶1 的比例加入清水，充分搅拌，并用细筛二次过滤。之后在水中添加活性酸浆，沉淀数日后从容器中取出淀粉锭后晾晒。0.5 公斤红薯大概产 0.05 公斤淀粉。

打芡和面。取一定量的淀粉放在容器中，加入一定量的沸水，随即不停地搅拌，约 18 分钟，使其烫熟成糊状，称之为“芡”。紧接着，取一定量的干淀粉倒入芡中，再用沸水边冲边搅拌，把芡和淀粉搅拌均匀，调成透明均匀的糊状，易于出丝时即为“粉芡”，芡的质量完全取决于操作人员的技术经验水平。再与湿淀粉混合，搅揉成无疙瘩、不黏手、能拉丝、均匀细腻的软面团，直至拿起能够均匀地往下流为止。行话说“芡是筋骨”。打芡的水平直接影响着粉条的质量，是整个加工过程最重要的环节。

沉淀粉浆

传统漏粉工艺

粉条冷却

粉条晾晒

漏粉。当地把粉条成型环节称为“漏粉”，因为粉条是从容器中“漏”出来的。传统的漏粉方法是把面团放入漏斗中（当地俗称“瓢子”，就是漏眼直径为1厘米的葫芦瓢），架在大锅上距水面约40厘米处，然后均匀拍打面团，使之成条状从漏勺中徐徐入沸水中，煮熟并凝固成粉条。漏眼的形状决定了粉条的形状，有圆粉、宽粉、细粉等。

冷却去冰。粉条煮熟后，用竹竿从锅中挑起，经冷水冷却，然后放入酸浆中浸3～4分钟，再用清水漂过，冷却过程中在冷水中加入小麦面粉，防止粉条粘连在一起。接下来把冷却的粉条放到室外冷冻，所以传统做法只能在冬季进行。结冰后，用木棍敲打冻好的粉条，去掉附着在粉条上的冰。

晾晒。粉条运到室外悬挂，待自然风干后打捆或装箱。

羊庄豆腐

羊庄村的豆腐制作有200多年的历史。羊庄豆腐细腻鲜嫩，口感上佳。传统的制作工艺一直保持。

泡豆子　羊庄人挑豆子非常严格，清除变质的豆子，将干净优质黄豆用温水浸泡 24 小时。

磨豆子　过去用石磨研磨豆子，后来用粉碎机。反复磨三次，充分析出豆浆。之后倒入缸中。

杀沫　将 0.15 ~ 0.2 公斤花生油倒入大勺中，充分加热熬至花生油燃烧起来，然后均匀地、缓缓地倒在生浆的泡沫上，并用棍子搅动，这样豆浆里的沫就没有了，这个过程叫“杀沫”。

熬制　先用 80 目的细罗布把生豆浆过滤一下，把细小杂质去掉，这样做出的豆腐就更加细腻鲜嫩。生浆过完就开始加火，首先用大火烧至开锅，再用文火熬 15 ~ 20 分钟。

点卤、压制　点卤是个重要的技术环节，要均匀、缓缓地将卤水倒入熟豆浆中，卤水要适量，有小块凝结就可以了。再倒入铺好纱布的模子中，用较大的石板放在模子上进行压制，半小时后豆腐就做好了。

杀沫后的豆浆

熬制

压制

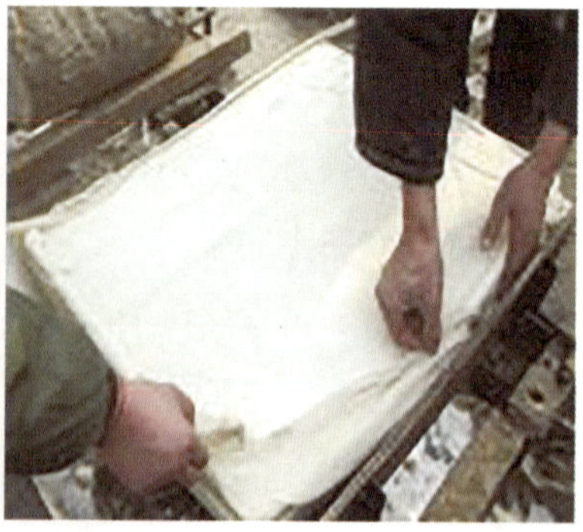
豆腐成品

传统工艺

制作虎头鞋　冉庄镇老一辈妇女都会制作虎头鞋，希望孩子长得虎头虎脑，虎虎实实。按当地的说法，就是借用虎头图案避祛邪祟，增加孩子“虎气”。儿童穿虎头鞋不仅是因为具有吉祥的寓意，而且还有美观和实用价值，因为夹棉连脚裤都比较肥厚，需要比较宽大的鞋子和它配套，而虎头鞋正有这种特点，并且有保护裤脚和保暖的作用。

制作白铁皮用品　白铁皮制作的水桶、盆、壶、水舀子等在二十世纪七八十年代成为冉庄镇居民日常生活用品。小张庄村村民张榜尔是一位手艺精湛的白铁匠，被当地的居民誉为“铁皮裁缝”。而且手艺是世代相传。他平日在集市的一角设摊位，用白铁皮加工水桶、簸箕、烟囱、盆等一些日用品。经过他精心打制的各类铁皮器具不计其数。随着塑料等化学制品进入人们的生产生活中，白铁皮加工行业渐渐淡出人们的视线。

制作笼屉　北马庄村很早就有编笼屉的历史。本地的村民都是选用优质木料进行纯手工编织。这种笼屉蒸出的馒头、小笼包味香、饱满、没有水烫点，比金属的笼屉效果

虎头鞋（2020 年）

制作笼屉（2020 年）

好。北马庄村的笼屉远销全国各地。笼屉的制作工艺复杂。首先，要先用上好的杨木材料锯成薄板材进行抛光，再用圆柱形的炉子进行烫弯成形，制成笼屉外圈。再用较窄的一个圈（俗称牙口）固定。用上好的木料（笼把）穿过外圈，形成固定的外架。将裁好的竹板用藤线捆在笼骨上，藤线用纯天然的藤条皮做成，美观卫生。再用专用的笼屉刀进行修饰，最后，再扣好笼帽（笼屉的上盖）就完成了。

扎笤帚　制作笤帚称为“扎笤帚”，也叫“抽笤帚”“刨笤帚”。笤帚是农民生活生产中的常用工具。传统的笤帚是用高粱或黍子穗去掉谷粒后制作的。每当农闲季节，扎笤帚的手艺人走街串巷，用一种铁片制成的用具，抖出响声招揽生意。制作笤帚的过程是：将脱粒后的高粱穗放在木板上，用一个小铁片将剩余在高粱穗上的黑色高粱壳刮掉。这一步骤叫刮苗。用水将刮完苗的高粱穗浸泡两个小时，直至完全浸透。加工时，拿出一把高粱穗，用麻绳绕一圈勒紧，用脚踩着“T”形木固定。然后拿出一根线绳，

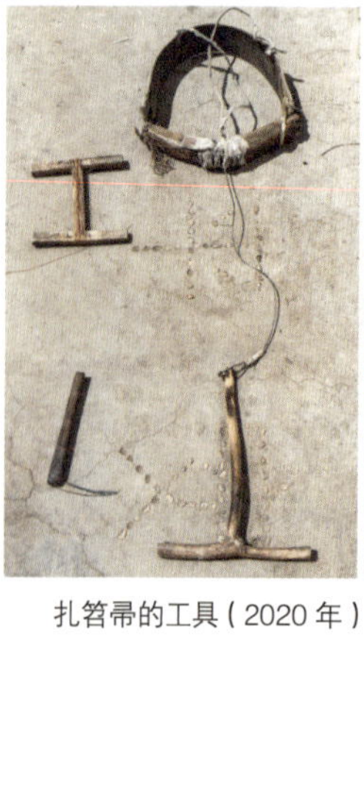

扎笤帚的工具（2020 年）

制作笤帚（2020 年）

笤帚成品（2020 年）

压到麻绳下，将高粱穗捆绑在一起。按同一道工序再绑出四把，加芯，再将这五把合并一起捆绑，这就是所说的“五把一箈”。最后，用刀子将做好的箈帚把削平，一把箈帚就做成了。

庙会 集市

庙会 冉庄镇有 7 个村设立庙会，分别是羊庄村、冉庄村、北马庄村、东孙庄村、大张庄村、姜庄村、三房村。规模较大的有羊庄村庙会、冉庄村庙会、大张庄村庙会。羊庄村庙会每年农历二月初五、十月十五举办两次，各 3 天。冉庄村庙会每年农历九月十七至九月二十三，历时 6 天。大张庄村庙会每年举行两次，农历三月初一、腊月初一，各举办一天。庙会日均人流量 5000 人左右，以商品交易为主，交易品种有农副产品、水果蔬菜、服装鞋帽布匹、日用小百货、农具土产日杂、牲畜、家具等，另外还有餐饮小吃。庙会期间会搭台唱戏并有其他经营性娱乐活动。

集市 冉庄镇有 8 个村设集市，分别是冉庄村、北马庄村、蒋庄村、东孙庄村、羊庄村、大张庄村、三房村、东马庄村。其中冉庄村、北马庄村、东孙庄村、羊庄村设集历史较早。

冉庄村集市历史久远，在明朝初期已立，设于农历每月尾数逢二、七。明嘉靖《清苑县志》载:“乡市：百塚、王盘、冉庄，俱二、七日。”集市以十字街为中心，向东西南北方向延伸，之后移至地道战纪念馆以北至红绿灯之间的街道及附近，规模中等，日均人流量 3000 人左右，平常半天。每逢农历重要节日前夕，人流量达 5000 人以上，为时一天。赶集的人多为该村及周边各村村民，甚至有外县的和保定市的商贩。交易品种有农副产品、水果蔬菜、服装、日用小百货、农具、木材建材、家具、土产日杂等。旧时的牲口市非常繁荣，交易种类有马、骡、驴、牛，另外还有猪市、羊市。北马庄集市历史悠久，立集具体年代不详，农历每月尾数逢四、九为集市，位于北马庄村东西大街与南北大街呈丁字形相交处，民国甲戌版《清苑县志》有记载，马庄集，四、九。蒋庄集市始于何时无从考证，有确切时间的是1978年重新立集，平常为半天，农历每月尾数逢三、八为集市，位于蒋庄村中央。东孙庄集市，农历每月尾数逢五、十为集市，位于该村中心东西大街。民国甲戌版《清苑县志》有记载，东孙庄集，五、十。羊庄集市，农历每月尾数逢五、十为集市。民国甲戌版《清苑县志》有记载，羊庄集，二、五、十。大张庄1980年立集，农历每月尾数逢一、六为集市，位于该村中央。三房集市，农历每月尾数逢一、六为集市。东马庄立集时间不详，1937年一度休市，直至1995年恢复，农历每月尾数逢二、七为集市，位于该村中心东西大街。除冉庄村外，各村集市规模中等，日均人流量2500人左右，赶集的人多为本村和邻村村民。交易品种有农副产品、水果蔬菜、服装鞋帽布匹、日用小百货、农具、土产日杂等。

民间文艺

戏班

冉庄村河北梆子戏班和大戏台　冉庄村河北梆子戏班组建于清末民国初期。主要演员有胡生李国祥，旦角梁乱子、李勋，花脸刘乱经、王立灶等。经常上演的戏有《单刀赴会》《玉堂春》《铡美案》等。

清道光年间，冉庄村有两座青砖大戏台，在当时很有名气。戏台高1.5米左右，台面铺杉木板，演出时用杉木杆子搭好骨架，苇席将戏台左右、台顶及后面遮严防风，台顶加铺苇席折成的瓦楞，前有滴水，两边还有翘角飞檐，十分壮观。这两个戏台经常演戏，登台献艺的不乏大班和名角，方圆百里之内很有名气。

村东戏台由李家出钱兴建，村西戏台由张家出钱兴建。演戏的一切事宜及费用都由戏台主家承担。这两座戏台不论何时，只要有人激将，立刻去接戏班，有时当天就开台挂戏牌子，经常是连演对台戏，一天三开箱，两边的戏班也都使出浑身解数，台下观众

东孙庄戏校学生演出（2005 年）

拥过来拥过去地两头跑，十分热闹。

东孙庄河北梆子戏校 东孙庄是清苑区有名的河北梆子戏曲文化村。二十世纪七八十年代，东孙庄的河北梆子老票友有张青汉、刘东城、李春英、刘玉雄、刘秋来。他们有文有武，有生有旦，经常在一起搭班唱戏。因为人少无法排演大戏，于是他们在本村小学的老校址开办戏校，挑选一些嗓音好、五官端正的孩子学戏，由演奏二胡的刘造为戏班伴奏。当时的学员有李俊艳、刘秀格、刘秀环、刘兰锁、刘占良、刘金红、刘新槐等人。教戏选在农闲或劳动间隙，田间、地头、打谷场或者农家院里，经常可以看到他们刻苦训练的身影，每天天还没亮，就能听到他们在村外练声。戏校为本村和附近乡村甚至周边县培养了不少戏曲人才。刘兰锁、刘占良等人还进入了专业剧团。

东孙庄十字街有一个大戏台，每逢年节、庙会，东孙庄剧团就在这里演出，村民纷纷前来观看。随着社会进步，文化生活日益丰富，戏曲艺术仍旧扎根于东孙庄的百姓生活中，继续得到传承和发扬。

羊庄少儿戏曲影视综合艺术培训基地 羊庄少儿戏曲影视综合艺术培训基地位于羊庄村东，是王喜春个人组织创办的。王喜春原是清苑区哈哈腔剧团演员，其长子王新卯 13 岁时考入吉林省长春市吉剧团。2012 年，在他的培养下，其孙王业超、王豫鹏考入武汉市艺术学校。

2013 年 7 月，王喜春开办清苑县戏曲影视综合艺术培训基地，以传授戏曲基本功为主，同时传授一些武术基本功。生源年龄在 7 ~ 13 岁，来自羊庄村及周边十几个村庄，男孩居多。培训期一般为3年，平常培训时间主要在周末，暑假寒假期间全天培训。

羊庄少儿戏曲影视综合艺术培训基地创办人王喜春指导学员练功（2014年）

2013—2018年，先后培训学员60余人。2015年，有3人考入武汉市艺术学校，2018年4月有9人考入石家庄戏校。

经会

冉庄村、张马庄村、羊庄村、北马庄村、西马庄村、西辛庄村、姜庄村、大张庄村、封庄村、三房村每年有经会活动，其中规模比较大的是冉庄村和羊庄村经会。

冉庄经会　冉庄村经会名“弘阳海会”，起源于明万历三十年（1602年），至2017年传人已到第16代，依然秉承“诸恶勿作，众善奉行”的信条。经会每年腊月三十立

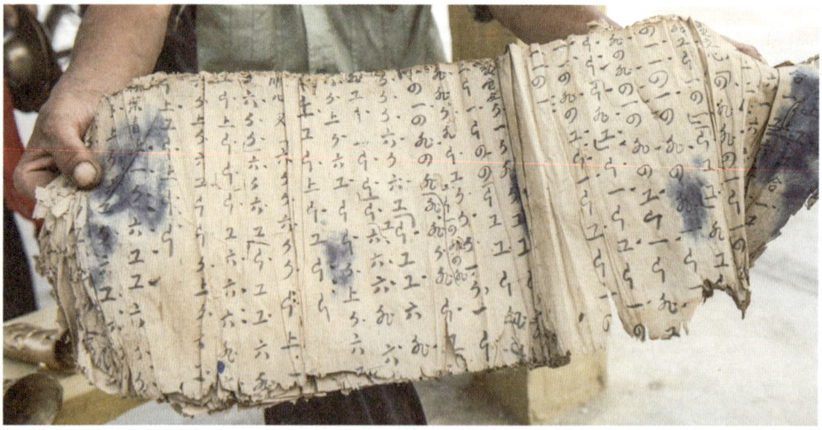

冉庄经会乐班老艺人保存的“工尺谱”（2005年）

坛，正月初五收坛。其间，当地百姓纷纷到坛前烧香拜佛，祈求平安。东、西、南、北四条大街挂满画有精致图案的灯笼，晚上是一派灯火阑珊的景象。每月的初一、十五或菩萨圣诞日，经会都安排一些活动。

羊庄经会 羊庄经会名“好事经会”，有200多年的历史。“文化大革命”期间停办，改革开放后恢复。每年的正月初十到正月十六，周边数十里的善男信女到经会拜佛修好，祈求吉祥安康。活动期间，白布经棚里面张贴、悬挂神像200多幅。经会有保存完好的“工尺谱”几十份，有书写于白布上的榜文。

经会乐班 在经会活动时，经会乐班吹打伴奏。冉庄村曾有一位很有名的乐手梁长乐，吹歌技艺娴熟高超。当时掌作人王德全老师傅也是身手不凡。乐班平时参与娱乐活动以及服务红白事。演奏内容主要是歌颂正义、忠孝等方面的内容。曲目有《放驴》《柳叶青》《顺心丸》《大红袄》《打秋千》《小上庙》《茉莉花》《渡桥》等。这种古老的曲谱简洁明快，音域宽厚，韵调洪亮，悠远绵长。例如：

清算账来辨是非

（注：第一行简谱， 第二行唱词，第三行原工尺谱）

2 3 2 3	5 3 5	5 7 6 5	3 2 3	1 7 6 5
清 算 账 来	倒 苦 水	今 天 开 个	斗 争 会	说 真 理 呀
尺 工 尺 工	六 工 六	六 一 五 六	工 尺 工	上 一 五 六

3 2 3	1 7 6 5	3 2 3	3 2 3	3 2 3 2
辨 是 非	哪 怕 坏 人	不 吃 亏	不 吃 呀	不 吃 亏 呀
工 尺 工	上 一 五 六	工 尺 工	工 尺 工	工 尺 工 尺

3 2	3 － ‖
不 吃	亏
工 尺	工

演出中还配有《家伙帽》《小调子》《大调子》《菩萨卜》《三刹》《小河西》《过街仙》等曲目。这些吹歌曲调激昂豪放，节奏分明，鼓舞人心，感召力强。

轿班和吹打班 冉庄村轿班有200多年的历史，最初由冉庄村西南关李道栓的祖父组建。民间办喜事必请轿班娶亲，请轿班必有吹打班参加。若是男方娶亲时没带吹打班，便被称为“暗婚”，就是见不得人的婚姻。新媳妇坐在花轿里，外面没个响动，叫坐“闷轿”。流传最广泛的喜歌是：

新人好比一盘铜，
天上分开就降生。
一块落到了河南地，
一块落到了燕山城。
河南的铸了个紫鸣磬，
燕山的铸了个紫鸣钟。
磬敲三声它嗡嗡响，
钟撞三下它响嗡嗡。
嗡嗡响，响嗡嗡，
成了夫妻喜相逢。

红白喜事吹打班的乐器很简单，一个顺口溜就包括全了：“天锥锥，地瓦罐，丝竹响，铜叫唤。”天锥锥是笙，地瓦罐是鼓，丝竹响是唢呐、弦子，铜叫唤是锣、镲。遇上白事，加上二胡、弦子，拉出哀婉之声，更能抒发悲悼之情：

和尚经棚把经念，
亲朋吊孝走向前。
看客点燃了几张纸，
双膝跪倒便把灵参。
一个头来敬敬孝，
两个头来拜拜先。
四个头磕罢平身起，
大放悲声泪涟涟。
在灵棚哭得声嘶哑，
不见看客把人搀。

说唱

冉庄村的集市和庙会自古就繁荣，青佛寺一度香火旺盛，不仅有打把式、卖艺、变戏法、耍猴、跑马戏、硬气功这些武的，还有文的吹打演唱等，最常见的有：

十不闲儿　十不闲儿是一种典型的民间演唱。多种乐器组合在一个架子上，表演者手和脚同时操作，嘴巴也不闲着，边演奏边演唱，看上去手、脚、口紧忙活，所以俗称十不闲儿。有的配上吹歌，与莲花落子结合编些唱词：

紧打这个鼓来慢敲锣，
有一件新鲜事儿我说一说。
说了个大姐她命不强，
寻了个小女婿他好尿床。
头一宿尿了大姐的红绫被，
第二宿尿了大姐的象牙床。
第三宿憋得他没处尿，
尿了大姐的绣花鞋湿拉拉黄。
只尿得灶火坑里栽稻秧，
来了伙子船家来运粮……

拉洋片 一个里面安装有图片、偶具的大戏箱，箱子一侧有像十不闲儿那样能牵动的乐器进行伴奏，下面有若干观看孔。表演者一边拉动引线奏乐，一边拉动图片、偶具，同时根据画面的内容进行演唱：

哎——往里边瞧来这是头一片，
咱把关云长照在了上边，
温酒他把那华雄斩哪，
扶保着刘备坐在了西川哪哎！
哎——往里边瞧来这是第二片，
我把那猛张飞照在了上边，
当阳桥前一声喊哪，
桥被震断水往上翻哪哎！……

莲花落 说唱兼有，自说自唱。中华人民共和国成立前，冉庄村王老小是个唱莲花落的歌手。由于他家贫穷，以说莲花落子糊口。他说的唱词大多数是倾诉穷苦生活的内容。如《赶毛驴》：

王老小生来命里穷，
家里的米面没有半升。
饿得小耗子吱儿吱儿地叫，
饿得大耗子啃油灯。
走得慢来穷赶上，

走得快来赶上穷。
不快不慢走几步，
一脚迈进了大穷坑。

打霸王鞭　一节两头各串上几个制钱的竹竿，配有彩穗，舞动起来有声有色，节奏鲜明，舞姿飒爽，回旋疾转，边演边唱，极具观赏性。唱词如下：

霸王鞭，响连声，
五颜六色似彩龙。
八路军，真英勇，
打击鬼子显神通。
120 师有本领，
开辟地区出了名。
三纵队，真年轻，
游击杀敌在冀中。
十七团，立了功，
利利落落拿敌营。
二十团，也有功，
善打胜仗有威名。

打花鼓　也叫打腰鼓，节奏感强，能鼓舞斗志。如《开始了反攻阶段》：

1943 年，环境大改变，
鬼子的岗楼拿了多半边，
还有个米阳山。
这个米阳山，米阳村南边，
这个炮楼真调蛋，
来了个二十四团。
还是这一年，一个大雪天。
东石桥的岗楼真调蛋，
来了个十八团。
炮楼都端完，露出了蓝蓝的天，
老百姓这才把身翻，
进入了反攻阶段。

2012 年，冉庄腰鼓队进县城表演

歌谣

冉庄镇是民间歌谣编演传唱之乡。这些歌谣中，有当地百姓自编自唱的，也有流传的。

自编歌谣　冉庄村百姓传唱着许多自编自演的歌谣，而且这些歌谣隐藏着一些有趣的典故。如《讲礼说理数冉庄》：

讲礼村，说理庄，
东西孙庄，南北马庄，
讲礼说理的人在冉庄。

这首民谣赞扬的是冉庄人善于调停说和，调解民间纠纷。东孙庄、西孙庄、南马庄、北马庄都是冉庄的邻村。

再如《张天王与李大刀》：

张的张天王，
李的李大刀，
盖不过打地道战的英雄——
高！高！高！

这首民谣原来只有两句："张的张天王，李的李大刀。"张天王、李大刀是清道光年间冉庄村的两个名人。李大刀以武功见长，尤善刀法。张天王生在书香门第，自幼习文，经常演绎周文王八卦，观天象，断阴阳，论定六爻，被人们尊称为张天王。抗日战争期间，在冉庄地道战中涌现出了许多功劳卓著的战斗英雄，人们便在原来的后面加了句"盖不过打地道战的英雄——高！高！高！"。

流传民谣 冉庄镇一带流传着许多老歌谣，表达了百姓的情感、理想和生活感受。

歌颂古圣贤的，如：

三皇五帝世代传

盘古开天遗人间，
三皇五帝世代传。
轩辕黄帝神通大，
各样青苗生得全。
人吃酸甜苦辣咸，
生在世间劳作不得闲。

抨击官府腐败的，如：

衙门口朝南开

衙门口朝南开，
有理没钱别进来。
没钱的官司你打不赢，
贪官污吏一刀宰。

歌颂勤劳质朴的农民的，如：

男耕女织

男人生来为种田，
女人生来为纺棉。
男人田里种五谷，

女人家中做衣衫。
男耕女织苦中乐，
烧香上供盼个太平年。

倾诉穷人苦的，如：

大雪纷纷下

大雪纷纷下，
柴米要涨价。
桌子板凳烧了火，
米面口袋干巴巴。
开春当了大红袄，
上冬再卖粗布大褂。

歌颂男女爱情的，如：

送情郎

送情郎送之在大门以东，
不睁眼的老天刮起了西北风。
刮大风不如下点小雨好，
下小雨还能多留情郎哥几点钟。
送情郎送之在大门以南，
从腰中掏出了十五块大洋钱。
二五块交与你进京赶考，
这五块留在路上作盘缠。
送情郎送之在大门以西，
奴为你向苍天深深求乞。
老天爷保佑你荣登皇榜，
封一个巡抚爷体察民疾。
送情郎送之在大门以北，
一抬头看见了老王八驮石碑。
原来他当了官贪赃枉法，
情郎你千万莫学这老乌龟。

歌颂冲破门第束缚的爱情，如：

长工与小姐

正月里来正月正，
做活的四辈来上工。
清早挑满了三缸水，
放下担子又起牛棚。
二月里来龙抬头，
小姐打扮上了彩楼。
手扶着栏杆朝下望，
四辈长得好风光。
三月里来三月三，
小姐灯下缠金莲。
四辈悄悄攥了一把，
她心里不恼好喜欢。
四月里来四月十八，
娘娘庙里把香插。
嫂子大娘全去上庙，
小姐四辈俩看家。
五月里来麦穗黄，
小麦大麦上了场。
长工短工都下了地，
小姐随四辈去晒场。
六月里来热难当，
小姐宽衣上凉床。
手拿着凉扇眼发愣，
心疼四辈晒太阳。

控诉不合理婚姻的，如：

小女婿

说了个大姐她命不强，

寻了个小女婿他好尿床。
头一宿尿了大姐的红绫被，
第二宿尿了大姐的象牙床。
第三宿憋得他没处尿，
尿了大姐的绣花鞋湿拉拉黄。
只尿得灶火坑里栽稻秧，
来了伙子船家来运粮。
这粮要运到哪里去，
要运到河南——汴梁。
小大姐越思越想越有气，
拿起绣鞋她就打夫郎。
头一下打得他叫了亲姐，
第二下打得他叫了亲娘。
亲姐亲娘你饶了我吧，
从今后我再也不敢尿床。

启发人们提高警惕性的，如：

猫教虎

小小狸猫胆气高，
胆大它敢把猛虎教。
蹿山越涧它全学会，
猛虎回头它想把猫叼。
狸猫一见事不好，
两爪一蹿便上了树梢。
猛虎一见忙双膝跪下，
口尊师傅你听根苗：
蹿山越涧你都教会了我，
为什么上树的本领你没教？
狸猫一听便流下了泪：
上树的方法我留了一招，

这个本领我若教会了你，
我连皮带骨都得让你嚼。

冉庄剧社 1939年冬，清苑县人民政府号召全县有条件的村庄组建文艺演出队伍，通过文艺演出宣传抗日主张，广泛开展救亡救国运动，激励广大人民群众积极抗击日军，冉庄剧社就是在这样的背景下诞生的。冉庄村自古以来就有耍龙灯、踩高跷、狮子舞、少林会、武术表演、哈哈腔和河北梆子戏班等文化活动，冉庄剧社成立后，各演出团体携带着服装、道具等演出用品加入抗日剧社，从此，冉庄镇一带的文艺活动从群众自发的自娱自乐变成了有组织的抗日宣传活动。

冉庄剧社的节目大多是自编自导的，有戏剧、歌曲、快板、相声、武术等多种形式，内容丰富多彩，以声讨日军的罪行、歌颂抗日英雄事迹、宣传支前模范为主。剧社有时也直接采用边区政府的一些成功剧目，边排练边演出。后来根据形势的发展，冉庄剧社改为“冉庄剧团”。

冉庄民众除为人民子弟兵捐献公粮外，还拿出一些粮食来资助抗战剧社的发展，特聘了当地有名艺人教戏。上演的传统剧目有《苏三起解》《秋胡戏妻》《空城计》《叉子沟》，还编演了农民反抗豪强的新戏《砸粮店》，为妇女鸣不平的《贫女泪》等。在此基础上，还重点推出了一批抗日内容的歌剧、活报剧和对口说唱的小戏剧。

剧社的文艺活动自1939年持续到1941年，后来由于抗日环境的恶化，日军推行“三光”政策，冉庄文艺活动被迫停止。1943年抗日环境大改观，冉庄剧社重整旗鼓，把文艺活动推向一个新的高潮。除业余演练京剧、河北梆子外，妇救会的青年妇女们传唱的抗战歌曲多达几十首，她们歌颂共产党的领导，激励军民斗志。

1945年8月，日本投降，冉庄镇人民同全国人民一样兴高采烈，大家除了演戏剧和唱歌跳舞外，还搞了花会（跑驴、高跷会）、荷花灯、棉花舞等新颖独特的艺术形式，欢庆抗战胜利。

解放战争时期，文艺活动依然伴随着冉庄人民，激励着地道战民兵斗志。在此期间，冉庄的文艺活动又增添了少林会、秧歌等文艺形式。

中华人民共和国成立后，冉庄剧社又开展戏剧、歌剧、快板、歌曲等多种多样的文艺活动，经常外出演出且深受欢迎，参加文艺会演常常榜上有名。国家剧团赴冉庄村演出，为冉庄剧社注入了生机。1950年，中国青年艺术剧院到冉庄村体验生活。20世纪70年代初，为了创作现代京剧《平原作战》，京剧名家谭孝曾等曾到冉庄村体验生活。

抗战文艺

抗日战争期间，冀中人民在军区党委的指挥下，经过各级党组织的发动，很快在全区掀起了一个抗日救国的文艺高潮。冉庄人民随之开展各种形式的文艺活动。

大唱抗日歌曲 1938年，中国共产党、八路军北上抗战到冀中平原，开始建立党组织和抗日民主政权。冉庄小学教师张森林多才多艺，教唱《游击队之歌》《松花江上》《打回老家去》《抗日救亡进行曲》等歌曲。李连瑞能文能武，任冉庄村抗日战争时期青年抗日先锋队主任，组建民兵大刀队，一边舞刀一边唱革命歌曲，受到杨成武将军和吕正操司令的表扬。从此，整个冉庄村不论街上、田间、学校、场院乃至家家户户，到处是一片抗战的歌声。人们唱得最多的有《全民抗战》《前去把兵当》《送郎打日本》《支援前线》《拥军小调》《交通战》《地雷战》《保卫麦场》等。

改编旧曲调 冉庄镇一带有众多的民歌小调，不论男女老幼，有许多人能随口唱出来。经过张森林的改造，许多老调换上了抗战内容的新词，让这些老调焕发了青春，起到了宣传抗日、凝聚人心的积极作用。如：

《十大劝》

（原《十大想》改编）

一劝乡亲们，
听从党的话，
保家卫国甘把热血洒，
哎嗨甘把热血洒。
二劝二爹娘，
听我把话讲，
我去当兵去不要胡思想，
哎嗨不要胡思想。
三劝我的哥，
听我把话说，
我去那个当兵呀你在家好干活儿，
哎嗨你在家好干活儿。
四劝我的嫂，
听我把话表，
我去那个当兵呀妯娌们要和好，

哎嗨妯娌们要和好。
五劝咱村长，
保护好咱家乡，
鬼子们来到了不要送给养，
哎嗨不要送给养。
六劝武委会，
站岗不要睡，
检查那行人呀保护咱游击队，
哎嗨保护咱游击队。
七劝我的妻，
不要哭啼啼，
伤员们撤下来赶快慰问去，
哎嗨赶快慰问去。
八劝我的妹，
早起莫贪睡，
带上识字本快快上学去，
哎嗨宣传打鬼子。
九劝我的弟，
儿童团更积极，
小鼓一响把合集，
哎嗨站岗防奸细。
十劝我自己，
当上了县游击，
打死那小日本我也出口气，
哎嗨我也出口气。

骨牌调

原词：天牌哎，地牌哎，虎头牌呀嗨；
桃花杏花李子花开呀，

小妹妹年轻花不开呀呼嗨……

新词：姐妹呀，二人呀，欢乐过新年。

忽听门外来了三十三（八路军三十三大队），

小妹妹心喜欢呀呼嗨。

开门呀，一见呀，哥哥从前线来。

背着杆大枪挎着刺刀，

手榴弹挂满腰呀呼嗨。

扭秧歌　扭秧歌又叫大秧歌。动作是传统的动作，替换了抗战的新词。如：

抗日大秧歌

妇救会，儿童团，

扭秧歌，搞宣传。

日军不讲理，

害我民，抢我地。

共产党，毛主席，

号召我们打敌人。

吕司令，程政委，

领导我们打小鬼。

县大队，区小队，

对敌展开游击战。

地道战，运动战，

机智灵活把敌歼。

说唱表演　说唱表演形式灵活，演员可多可少，不受场地限制。

号房

八路（唱）：叫大娘，细听我来讲，

八路军来了要号房呀。

我说大娘呀。

大娘（唱）：叫同志，你要细听，

我们房少没有办法腾呀，

我说同志呀。

八路（唱）：叫大娘，你要听真，
我们本是八路军呀，
我说大娘呀。
大娘（唱）：不管你七路，还是八路，
我有房子偏不让你们住呀，
我说同志呀。
八路（唱）：叫大娘，细听我来言，
战士们淋雨多可怜呀，
我求大娘呀。
女儿（白）：她儿子在岗楼里当伪军，是汉奸！
大娘（唱）：不管他当汉奸不当汉奸，
有的是吃来有的是穿呀，
我说疯丫头。
八路（唱）：小日本，它比虎狼狠，
它杀了咱们多少中国人呀，
我说大娘呀。
大娘（白）：我明白了——（转唱）
八路同志，你放心，
我叫他反正投奔八路军呀，
我说同志呀。
女儿（白）：那你还不让同志们快进来？
大娘（唱）：叫同志，你把心放宽，
大娘和你们闹着玩哪，
同志们快进来。
女儿（白）：哟，都湿透了，有这么闹着玩的吗？
大娘（白）：我不是还没觉悟吗？

劳动英雄王秀鸾

抗日期间，前线物资十分匮乏，为支援前线的战斗，党组织提出了“在后方生产也是抗战”的号召，掀起了大生产运动，涌现出了很多劳动英雄（那时称劳动模范为劳动英雄）。王秀鸾是晋察冀边区突出的一位劳动英雄。冉庄剧社及时赶排了歌唱王秀鸾的节目。其中一段：

男（唱）：我抗日，你生产，
女（唱）：你加油，不偷懒。
男（唱）：我拿着枪杆上战场，
女（唱）：我背着锄头去耕田。
男（唱）：我誓死要把家乡保，
女（唱）：我保证生活不困难。
男（唱）：你英雄，
女（唱）：你模范。
合（唱）：赶走日本鬼，共享太平年。

地道战取得胜利后，冉庄剧团迅速编演了一段快板：

地道战

（快板书）

哎，哎，叫同志们你细听，
听我表表咱民兵。
粗布衣，羊角巾，
放下锄头当神兵；
上高房，钻地道，
埋好地雷布好兵，
东边炸死灰狗子（伪军），
西街击毙鬼子兵。
地道威力大，
全民皆是兵，
敌人敢来犯，
民兵是神兵。
机智勇敢英勇顽强，
齐心合力打败鬼子兵。

方言土语

冉庄镇方言从20世纪80年代开始逐步向普通话靠近，语音、词汇及语法日趋规范标准。一些方言俚语的使用范围逐步缩小甚至消亡。50岁以上居民尚使用较为纯正的当地方言，中青年及少年儿童更接近普通话。由于镇内农村人口占绝大多数，方言色彩仍较为浓厚。

语音

冉庄镇方言语音方面与普通话声母、韵母、声调及儿化韵方面均有不同程度的差别，亦有一些自身的规律。

声母 在使用声母方面，冉庄镇方言大部分与普通话没有区别，但是有一些发音具有明显的地方特征。

零声母音节前加声母［n］现象。普通话中一些语音是开口呼零声母音节，开头没有声母，而在冉庄镇方言中则加上声母［n］。如挨读为［nāi］、安读为［nān］、熬读为［náo］、恩读为［nēn］、藕读为［nǒu］等。冉庄镇方言中零声母音节［e］有时不仅前边加［n］，而且［e］变为［uo］，如鹅读为［nuó］，饿读为［nuò］。

舌尖音现象。冉庄镇方言中，一些普通话中的团音往往被发音为尖音，如与［i］［u］［ü］拼合的［j］［q］［x］被［z］［c］［s］代替。具有代表性的有“俊”“全”“癣”分别读为［zùn］［cuán］［suǎn］。其他舌尖音现象的出现已经逐步减少。

双唇音［b］读为［p］或［p］读为［b］现象。［b］读为［p］，如波浪读为［pō］浪、同胞读为同［pāo］。［p］读为［b］，如活泼读为活［bo］等。

平舌音［z］读为翘舌音［zh］,［c］读为［ch］，翘舌音［zh］读为平舌音［z］，及舌尖音［d］读为平舌音［z］的现象。如暂时读为［zhàn］时、责任读为［zhái］任、一册读为一［chǎi］、一堆读为一［zuī］等。

韵母 在冉庄镇方言中，韵母的发音与普通话有较多的区别，没有明显的规律。[o] 读为 [e]，如泼水读为 [pē] 水。[üe] 读为 [iao]，如上学读为上 [xiáo]。[ui] 读为 [ei]，如大腿读为大 [těi]、睡觉读为 [shèi] 觉。[ong] 读为 [eng]，如农民读为 [néng] 民、摆弄读为摆 [nèng]。[uo] 读为 [ao] 或 [e]，如软弱读为软 [rào]、扩大读为 [kè] 大。[uan] 读为 [ang] 或 [an]，如暖和读为 [nǎng] 和、暖气读为 [nǎn] 气。[an] 读为 [ang]，如棉花读为 [miáng] 花、咱们读为 [záng] 们。[en] 读为 [eng]，如怎么读为 [zěng] 么、什么读为 [shěng] 么。[in] 读为 [ing]，如天津读为天 [jīng]。[u] 读为 [i]，如玩去读为玩 [qì]。[i] 读为 [ei]，如钢笔读为钢 [běi] 等。

冉庄方言与普通话声调对比表

表 1

调类 / 调值 / 语言	阴平	阳平	上声	去声
普通话	55	35	214	51
冉庄方言	44	22	212	51

声调 冉庄镇方言与普通话最大的差别之一表现在声调方面，尤其是阳平、阴平，上声亦有一些差别，唯去声与普通话声调一致。

冉庄镇方言声调与普通话对比举例：将普通话阳平声调读为低平调。如：人民、纯洁、敌人、馒头、回来、不行、银行等词语声调读为 22。

上声调后半段升高不到位。如：美好、抓紧、英语、历史、地理等词语后半段声调读为 212。

一些非上声调，冉庄镇方言读为上声调，而且很接近普通话声调。如：爸 [bǎ] 爸、哥 [gě] 哥、姑 [gǔ] 姑、舅 [jiǔ] 舅、上 [shǎng] 来、下 [xiǎ] 来、过 [guǒ] 来、出 [chǔ] 来、进 [jǐn] 来、知 [zhǐ] 道、吃 [chǐ] 了、说 [shuǒ] 话、喝 [hě] 水、写字 [zǐ] 儿、烂 [lǎn] 了、忘 [wǎng] 了、没事 [shǐ] 儿、干 [gǎn] 净、国 [guǒ] 家等。

儿化韵 冉庄镇方言中大部分儿化韵词语发音与普通话一致，但是，有一部分儿化韵发音具有典型的方言特征。韵母 [o][iao][ou][iu] 的儿化韵，冉庄镇方言儿化韵加 [w] 组成独立成音节。举例如下：

冉庄方言儿化韵举例表（一）

表 2

韵母	例词	冉庄方言儿化韵汉语拼音
ao	面条儿	miàntiáower
	蜜桃儿	mìtáower
	走道儿	zǒudàower
	好好儿	hǎohāower
	早早儿	zǎozāower
	小猫儿	xiǎomāower
iao	小鸟儿	xiǎoniǎower
	麦苗儿	màimiáower
	纸条儿	zhǐtiáower
	走调儿	zǒudiàower
	豆角儿	dòujiǎower
ou	纽扣儿	niǔkòuwer
	老头儿	lǎotóuwer
	抓阄儿	zhuājiūwer
	裤兜儿	kùdōuwer
	小猴儿	xiǎohóuwer
iu	皮球儿	píqiúwer
	小牛儿	xiǎoniúwer
	短袖儿	duǎnxiùwer

韵尾［ng］音节的儿化韵冉庄方言中，儿化韵自成音节。举例列表如下：

冉庄方言儿化韵举例表（二）

表 3

韵母	例词	冉庄方言儿化韵
ang	药方儿	yàofānger
	帮忙儿	bāng mánger
	茶缸儿	chágānger
	借光儿	jiè guānger
iang	透亮儿	tòuliànger
	唱腔儿	chàngqiānger
	种瓜儿	zhòng guāer

续表 3

韵母	例词	冉庄方言儿化韵
uang	蛋黄儿	dànhuánger
	天窗儿	tiānchuānger
	亮光儿	liàngguānger
eng	凉风儿	liángfēnger
	麻绳儿	máshénger
	板凳儿	bǎndènger
ong	胡同儿	hútònger
	有空儿	yǒukònger
	小桶儿	xiǎotǒnger
	小虫儿	xiǎochónger
ing	眼镜儿	yǎnjìnger
	花瓶儿	huāpínger
	电影儿	diànyǐnger
iong	小熊儿	xiǎoxiónger

词汇 冉庄镇方言的词语与普通话相比同多异少。如“水、火、风、饭、好、大”等与普通话相同；普通话中的“蚂蚁”“蛐蛐”等在冉庄镇方言中叫作“别虎”“宿织儿”。另外，有些词语含义既与普通话一样，又有不同的义项，例如“巴结”，除了“讨好别人”之外，还有“力量或能力不够，勉强支撑”的意思，例句：巴结个学生不容易；他干活儿有点巴结，而普通话则没这个意思。另外，冉庄镇方言中一些词语在普通话中找不到合适的对应单词或者无合适的汉字表示，只能借用同音汉字表音，例如，“泡慌子”“怯吧点”“将巴结儿”“浮头儿的”“水啦啦”等，这些词语在生活中使用频率较高，是体现冉庄镇方言特征的重要词语。方言有丰富生动的词汇，随着时间不断地传承、演变、消亡和诞生。

部分冉庄镇方言与普通话常用词语对照表

表 4

冉庄镇方言	普通话	冉庄镇方言	普通话
老爷儿	太阳	年个儿，年个，年上个	去年
老母儿，老母亮儿	月亮	每陈年	往年
贼星	流星	天道，天儿	天气
炸雷	霹雳	今儿个，臻儿个	今天

续表 4

冉庄镇方言	普通话	冉庄镇方言	普通话
雹子	冰雹	咧个，咧拉个，夜喽，夜喽个	昨天
闹天道	变天	晌霍	中午
干净水，清凉水	清水	后晌儿	下午
堂土，灰	灰尘	傍明子	凌晨
乌头水，温乎水	温水	傍晌霍	午前
冰凉	冰块	傍黑子	黄昏
地方儿，去儿	地方	后尾儿，末了儿，末后了儿	后来
街上，街尼	街道	蚂螂	蜻蜓
先前，早先儿	以前	臭大姐	梨椿象
茅子	厕所	蛤蟆	青蛙
筐头儿	筐	疥蛤蟆	蟾蜍
担杖	扁担	蛤蟆豆儿	蝌蚪
麦子，梭子	小麦	寨篱	篱笆
棒子	玉米	起来	起床
棱子	荞麦	棒秸	玉米秸秆
望日莲，望月莲	向日葵	筲	木桶
山药	红薯	栊子	梳子
架山药，麻山药	山药	别虎	蚂蚁
老鸹	乌鸦	蝲蛄	蝼蛄
老家	麻雀	饸饹条子	蚯蚓
锛哒模子	啄木鸟	钱串子，柳蜓	蚰蜒
呱呱喵	猫头鹰	米虫	蚜虫
燕别虎	蝙蝠	硌蟮	跳蚤
地地狮	鼹鼠	潦虎	马虎，潦草，粗糙
姑姑妞儿	蚕蛹	浓汏	鼻涕
夏虻	牛虻	眵沫糊	眼眵
蛐蛐，宿织儿	蟋蟀	眼眨毛	眼睫毛
驴驹	蝈蝈	曲畴	褶皱
叽嘹儿	蝉	荸荠	肚脐
雀盲眼儿，切莫眼儿	夜盲	占香赢	占便宜
羊角风	癫痫	鸡抱囤儿	鸡肫
大油	猪油	觉着	猜想
泛面	发面	眼儿红，眼儿气	嫉妒
晒老爷儿	晒太阳	腻歪	讨厌，恶心
落咯脖儿咧	落枕	熬懹	烦躁
家走，家来	回家	数落	斥责
走动	来往	上落	责怪

续表 4

冉庄镇方言	普通话	冉庄镇方言	普通话
小月	流产	吓唬	恐吓
妈妈	乳房	编排	诽谤
小铺儿	小卖部	浮头儿	表面
关门（商业方面）	停业，倒闭，打烊	当夹儿	中间
该	欠	可呗，可不是	当然了，是啊
懒老婆	陀螺	寒碜	难看
摸瞎瞎，藏迷糊儿	捉迷藏	齐截，齐截截儿的	整齐
净	都	直溜	直
光，老是，净	总是	就势儿	顺势，当即
非	一定，非……不可	自个儿，己个儿	自己
许着	也许	紧巴紧	勉强，吃力
敢情，敢自	当然	不觉（jiǎo）孽	不识趣，不自知
得亏	幸亏	鬼张	机灵，机巧
捎带脚儿，就势儿	顺便	着三不着两，不着调	不专心，浮躁
对乎（股）亦儿	故意	利落，落利	利索
个味，个自	个性（含贬义）	腻歪	讨厌
怨不的	怪不得，难怪	手等，眼看	很快，马上
着	被	当事儿	很久的时间，重视
停着	当着	毫点儿	微微，稍微
上	去，到，在	不大差厘儿的，差不大厘儿的	差不多
一溜八开	极多	正分儿	本来就
曲溜儿拐棒	很多弯	揍样儿	德行
死求儿百赖	固执的样子	白麻儿	什么都不
汗吧子流水的	大汗淋漓的样子	白屁儿	什么都不
一佛奈何	有一点办法也不会	白不怎么的	一点事也没有
平白拉故	凭空，无缘无故	呆着去吧	滚开
白当、白丁儿	结果	箍得儿	蹲着
激烈百事	非常焦急的样子	喜咧蜜儿	非常欢喜的样子
谁那话的	有人说	张八儿	喜欢张罗的人
见髒	不容易显脏	命扶儿	小心谨慎地
少调儿失教	缺乏教养	将将儿，将巴儿，将巴结儿	很勉强的
手拿把攥儿	技术娴熟		

语法

冉庄镇方言语法与普通话相比，其差异比词汇语音小很多，主要表现在特殊的语法成分、词语组合、重叠、句式方面。

重叠式构词 名词。AA 式：妈妈、蛛蛛。AAB 式：哈哈腔、婆婆婶、地地犄、呱呱喵、咧咧个、大大板。ABB 式：香饽饽、老太太、红榴榴、水啦啦。其他式：老头头子、老块块子、酸溜溜苗、婆婆奶奶。

动词。AAB 式：拉拉脸、撅撅嘴、梗梗脖。ABB 式：打叉叉、掉歪歪、胡嘞嘞、胡嗻嗻。其他式：打扑楞楞儿、打坠坠溜儿。

形容词。AABB 式：疯疯势势、咋咋呼呼、叽叽咕咕。

附加词缀构词 冉庄镇方言大部分词缀与普通话相同，但有一部分与普通话有明显区别。

子。有相对应的普通话单词，如妹夫子（妹夫）、棒子（玉米）、妗子（舅母）、案子（案板）等。无相对应的普通话单词，如傍晌火子（临近中午）等。作为临时词尾改变词语的感情色彩，在冉庄镇方言中往往表示厌恶轻视，如老头子、脚丫子、脸皮子、脸子、嘴子等。

儿。冉庄镇方言中“儿”缀的使用不限于词尾，存在中缀情况，其他的使用范围也相当丰富，表达的意义也是丰富多彩，与普通话有明显的区别。

在表达同一概念的词语方面，冉庄镇方言中，“儿”缀的使用有时与普通话有着特殊的区别，采用中缀，而普通话“儿”采用的是后缀，而且所使用的文字完全相同，如：哥儿们（哥们儿）、姐儿们（姐们儿）、爷儿们（爷们儿）等。

冉庄镇方言中“儿”缀的使用广泛分布于开放性词类的名词、量词、动词、形容词以及封闭性词类中的副词中。

普通话中的一些名词不用“儿”缀，而冉庄镇方言使用，如：绸儿、布儿、亲戚儿、舅儿、姨儿、高处儿、派出所儿、早清儿、整宿儿、日子儿、甜头儿等。另外，还存在“的”字结构加“儿”缀改变意义的现象，如老的、小的加上“儿”缀，即老的儿、小的儿，指长辈、晚辈。

冉庄镇方言中的量词也常使用“儿”缀，如块儿、根儿、条儿、堆儿等。

冉庄镇方言中的动词加“儿”缀的现象多于普通话，如动动儿、干干儿、闪闪儿、火儿、歇歇儿、等等儿等。

形容词加“儿”缀的情况，如软和儿、硬梆儿、面乎儿、弱巴儿、暄乎儿、干干净净儿、软软乎乎儿、白不拉擦儿、酸不溜丢儿、老实巴交儿等。有一些词组加“儿”缀后有了形容词的性质，如可怜不待见儿的、里走儿外转的、偷儿摸儿的等。

副词加“儿”缀，如巴巴儿、正分儿、白丁儿、就势儿等。

圪［ge］。“圪”是晋语里一个不表义的音节，分布于山西及毗邻山西的河南北部、河北西部边缘等地的方言中。冉庄镇也有“圪”与单音词组成双音节或多音节词的现象，与清苑县历史上有山西移民有关。如：

名词类：圪拉瓣（膝盖）、圪拉（车马套用具）、圪崩（用手指弹脑袋的动作）、圪渣儿（伤口结的痂，锅巴）、圪节儿（玉米秸秆、竹子等的一节）、圪垯码儿（玉米、高粱等茎内部海绵状部分）、圪蚤（跳蚤）、小呲圪吖儿（极少量，极小的）。

动词类：圪喳（搔痒）、圪应（厌恶，腻烦）、圪登（单腿跳）、圪业（打架生事，常指小孩无知调皮而闹事）。

形容词类：圪洁（装束或布置干净、利落）、圪攘（杂乱地挤在一起并爬动的场景，极嘈杂）、半疯儿圪魔（如疯似癫，精神亢奋）、木圪胀儿的（大脑迟钝而发胀的感觉）、咸圪能儿的（略带咸的味道）、绿圪英英的（绿得浓重而使人反感）。

巴。“巴”在冉庄镇方言中多作后缀，有时在名词中作中缀。

名词类：卡巴裆（腿裆或裤裆）、当巴夹儿（中间，其间）、前巴晌儿（上午）、后巴晌儿（下午）、丫巴儿（桠杈，分叉）。

动词类：“巴”用在单音节词后组成双音节动词，使所表达的行为或动作轻松潦草等。如试巴、掸巴、耍巴、洗巴等。

形容词类：与形容词构成中性或略带贬义的词语，如窄巴、蔫巴、剌巴、涩巴拉、紧巴紧等。

介词 拿。用法基本与普通话中的“把”相同，如：拿屋里拾掇拾掇。相当于普通话中的“对”，如：拿你没办法。

着［zhao］。“着”相当于普通话中的“被、叫、让”，本地方言中“着”最常用，其次为“叫、让”，“被”用得最少。如：他着狗咬咧。也相当于普通话中的“用”，如：这块儿地得着铁锨平平。

给。同“被、让”，如：他给人儿骗咧。与普通话中的“跟、同”类似，如：你别给他打架。相当于普通话中的“在”，如：给黑板上写字儿。同普通话中的“到”，如：我给地里干活儿去。与清苑方言中的“上、往、逗、奔”通用。

语气助词 冉庄镇方言中的语气助词有呢［ni］、咧［liai］、来着［zhou］、来呀［yai］、呢［niai］、昂［nang］、欤［yai］、呗［bai］，表示时态、疑问、祈使、感情。

清苑方言中的“咧、喽”与普通话的“了”相同。

表示时态：下雨呢（原来就在下）；下雨咧（原来没有下）；下雨来着（刚才下过雨，现在不下了）；下雨来呀（现在没下，马上要下雨了）。

表示疑问、祈使：他是老师还是学生呢？他上北京干么去咧唉？今儿个星期三昂？今儿个星期三吧？快走吧，天儿都黑咧！你说你去还是不去吧！

表示感情：上课咧噢；就这么着就行咧噢？快买来吧噢，过喽这个村儿没这个店儿咧噢！走快点儿欸！别看人家长的不强儿的，人家是从北京来的呢！你说行就行咧呗！我一天也就花个十来块钱儿呗！

冉庄方言叹词与普通话叹词对比表

表 5

冉庄方言叹词	普通话叹词	例句
嚄	嗬	嚄，你可真胆儿大啊！
嗫（音）	哟、咦	嗫，你还会绣花儿呢噢！
呣	嗯	呣，就是这么着呢！
		呣，怎么一下子变成这样咧欸？
		呣，你说得对！
	啊	你说是不呢，呣？

叹词 冉庄镇方言中，表达同样感情色彩的叹词与普通话一些叹词是一样的，有的是特有的发音，而且难以找到合适的汉字表达。

补语 冉庄镇方言中的补语大部分与普通话相同，但存在一部分特殊补语。

动词 + 得 [di] + 喽表示“可以”，动词 + 得 + 喽的否定形式为动词 + 不 + 得，疑问句为动词 + 得 + 喽 + 不（+ 唉）或动词 + 结果（或趋向补语）+（了）+ 喽 + 不（唉）、动词 + 得 + 喽 + 昂（或吧）、动词 + 结果（或趋向补语）+（了）+ 喽 + 昂 / 吧，例句：吃得喽。吃不得。吃得喽不唉？吃了喽不唉？爬上去了喽不唉？吃得喽昂？吃得喽吧？吃了喽昂？吃了喽吧？

作补语的“的 [di]”的一些特殊用法：相当于普通话中的“给”，如：送的（给）我一本书。相当于普通话中的“在”，如：坐的（在）椅子上睡觉。相当于普通话中的“到”，如：看的眼里，记的心里。

疑问词 冉庄镇方言中相当于普通话疑问词“吗”的有：没唉、不 唉、昂，如：报纸来咧没唉？你去不唉？你知道昂？相当于“了”的有咧呢、咧唉：他干么去咧呢？

他干么去咧唉？相当于“了吗”的有咧昂、咧吧：下雨咧昂？快开车咧吧？

语序 冉庄镇方言中的特殊语序：“知不道”相当于普通话的“不知道”。“家来、家去、家走”相当于普通话的“回家来、回家去、往家走”。

省略 常用的语句有：干么去？相当于普通话“干什么去？”

土语

不怕挣分文，就怕分文不挣。

男人是搂钱的耙子，女人是存钱的匣子。

傍黑火烧云，明天晒死人。

不怕初一下，就怕初二阴。

吃饭留一口，活到九十九。

车闲有缝，人闲有病。

打草的伴不起放驴的。

二月二砸炕头，金银财宝往家流；二月二砸墙山，蝎子蚰蜒土里钻。

风不刮酉时。

谷雨麦怀胎，立夏麦呲牙。

好儿不吃分家饭，好女不穿嫁妆衣。

好狗护三邻，好汉护三村。

好汉子打不出村去。

饥了吃糠甜如蜜，饱了吃蜜蜜不甜。

腊八饭，吃八天，哩哩啦啦二十三。二十三，糖瓜粘，二十四扫房日，二十五做豆腐，二十六炖大肉，二十七宰公鸡，二十八白面发，二十九蒸馒头，三十儿晚上坐一宿，大年初一扭一扭。

懒汉和稀泥。

老爷儿（太阳）打西边出来了。

老爷儿没的云里，白粥掏的盆里。

骡子马大了值钱，人大了不值钱。

买得起马，配不起鞍。

门前挂笊篱——小店儿。

脑袋上长疮，脚底下流脓——坏透了。

宁给明白人说句话，不和糊涂人打顿架。

你给我初一，我就给你十五。

男人夸口，女人丢丑。

宁死当官的爹，不死要饭的娘。

宁长坏了人，别生坏了命。

破驴儿对破磨。

秋后的茄子——蔫了。

穷汉子赶上闰月年。

穷怕来戚［qiě］富怕贼。

什么虫儿凿什么木头。

说一就开幺。

投亲不如访友，访友不如住店。

天燥有雨，人遭有祸。

外财不富命穷人。

一个爹养得起八个儿，八个儿养不起一个爹。

一个锅里做不出两样饭。

鱼过千层网，网网都有鱼。

夜猫子进宅——无事不来。

早赴席，晚赶集。

在家不行善，出门大风灌；在家不说理，出门下大雨。

种一葫芦打一瓢。

正月十五贴门神——晚了半个月了。

艺文

冉庄文化底蕴深厚。独特的抗战文艺、红色文化曾激励冉庄人民与日军进行不屈不挠的抗争。冉庄地道战遗址吸引着众多的文人墨客描绘那段历史，涌现出大量的文学作品。冉庄流传着许多民间传说故事，述说着冉庄人民的勤劳、智慧、勇敢和善良。

文学作品

《革命传统故事——古城英烈》 1991 年，中国民间文艺出版社出版。石林、张今慧、刘正祥主编。书中收录《冉庄地道创始人张森林》《冉庄地道首建奇功》等有关冉庄地道战的文章 6 篇。

《地下烽烟：冉庄地道战遗址》 1998 年，中国大百科全书出版社出版。王树林主编。该书较系统地介绍了冉庄地道战，记述了冉庄民兵抗战的事迹。

《地下长城——冉庄地道战风云录》 1998 年，甘肃人民出版社出版。刘正祥、王树林主编。该书主要收录有关冉庄地道战的回忆录、故事、诗词、报摘等内容。

《革命传统故事——古城英烈》

《地下烽烟：冉庄地道战遗址》

《地下长城——冉庄地道战风云录》

《保定历史文化——抗日战争专辑：保定抗日地道斗争》 2005年，新华出版社出版。保定历史文化专辑委员会编。书中介绍了清苑县、满城县、蠡县等地的抗日地道斗争，其中爱国主义教育基地——清苑县冉庄部分篇幅最大，有关冉庄地道战的文章27篇。

《烽烟岁月——关于冉庄的回忆》 2010年，京华出版社出版。作者李恒彪。该书全部是作者的回忆文章，主要记述了作者自10岁参加儿童团、14岁参加民兵、参加本土作战、参加县游击队等一些经历，描述了战争年代的生活。

《冉庄的传说》 2015年，大众文艺出版社出版。作者曹振甲、申亚丽。该书记述的是冉庄村历史上一些传说故事及冉庄古村落、水陆交通等内容。重点内容为抗战时期冉庄的教学和冉庄地道战。

《英雄冉庄》 2016年，河北美术出版社出版。中共保定市清苑区委宣传部，保定市精神文明建设委员会办公室编，马锁红主编。该书以故事的形式，介绍了张森林、李连瑞、李九德、高振福等冉庄村抗战英雄的事迹。

《印象冉庄地道战》 2018年，河北人民出版社出版。李志芳主编。该书较系统地介绍了冉庄地道的规模、挖掘技术环节和地道战的战斗。主要章节内容有冉庄地道之诞生、冉庄地道之智慧、冉庄地道之神秘。

《保定历史文化——抗日战争专辑：保定抗日地道斗争》

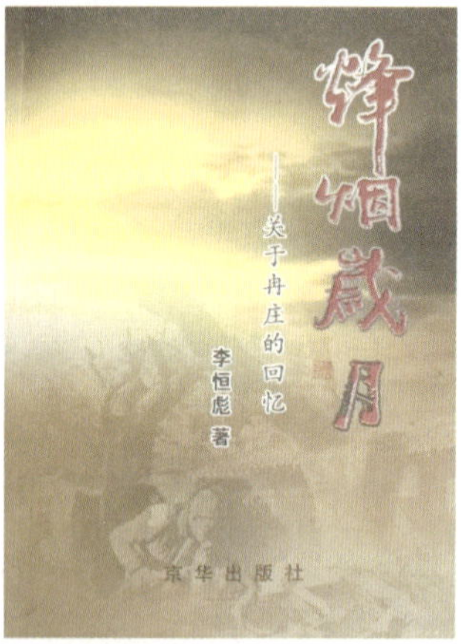

《烽烟岁月——关于冉庄的回忆》

《冉庄的传说》

《英雄冉庄》

《印象冉庄地道战》

戏曲　舞蹈

《冉庄英雄妹》 哈哈腔《冉庄英雄妹》是保定市清苑区哈哈腔剧团新编的大型现代戏，2019 年创作完成。作为向中华人民共和国成立 70 周年献礼的作品，该剧以冉庄地道战为题材，展现了抗日战争时期冉庄老区人民坚强不屈、不怕牺牲，以非凡的英勇和机智与敌人斗争的故事，重点展现了冉庄女民兵的生动事迹。哈哈腔是用清苑方言演唱的一种戏剧样式，距今已有 400 余年历史，是国务院 2006 年公布的第一批国家级非物质文化遗产。2019 年 9 月 10 日晚,《冉庄英雄妹》在保定市清苑区清苑剧场首演。

《拔麦子》 舞蹈《拔麦子》是冉庄剧社 50 年代经常演出的文艺节目。1950 年，中国青年艺术剧院到冉庄体验生活期间，编演了《拔麦子舞》并教会了冉庄剧社演员。该舞蹈运用舞蹈语言演绎拔麦子的劳动场景，欢快活泼。

《丰收锣鼓》 1950 年，中国青年艺术剧院在冉庄体验生活。其间，得知冉庄村南边的大李各庄村的《丰收锣鼓》风格独特，场面壮观，艺术团虚心求教，很快学会了这套民间锣鼓。后来更名为《战鼓》，曾作为国庆一周年接受天安门检阅文艺方阵的排头部分。

《冉庄英雄妹》剧照（一）(2019 年)

《冉庄英雄妹》剧照（二）(2019 年)

歌曲

地道战

1=D $\frac{2}{4}$

《地道战》主题曲

傅庚辰 曲

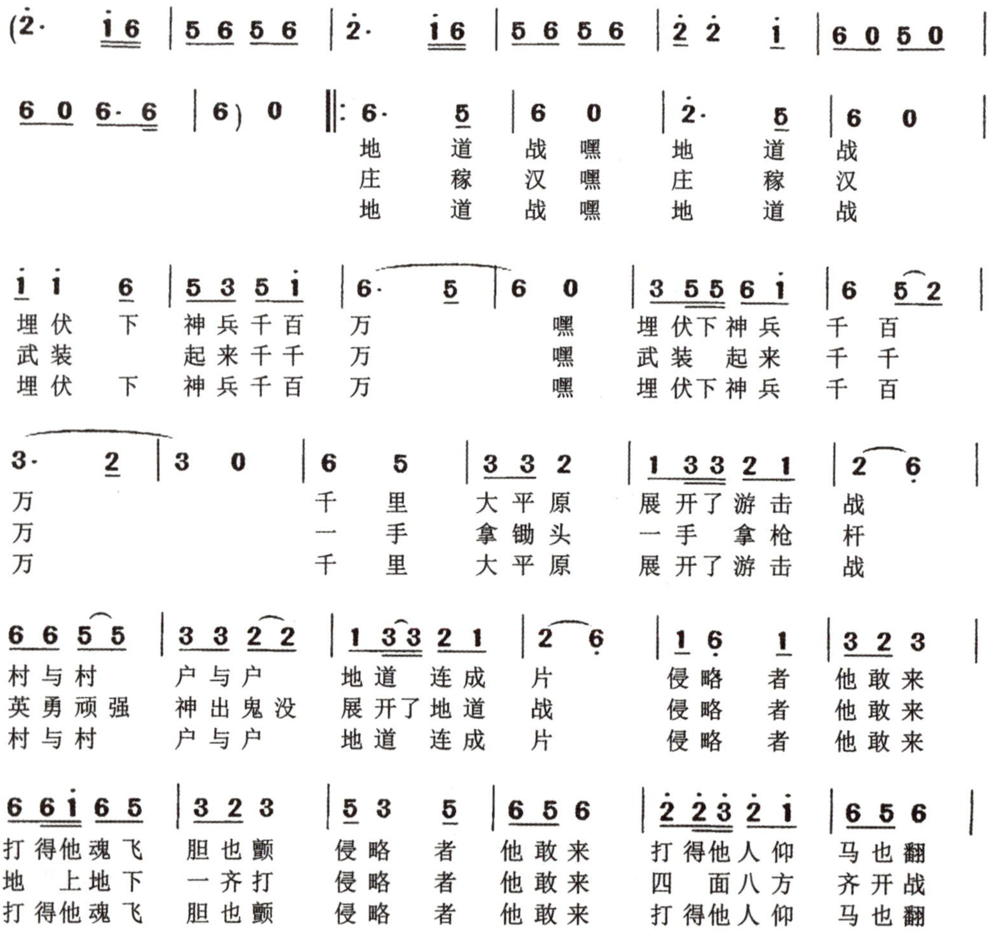

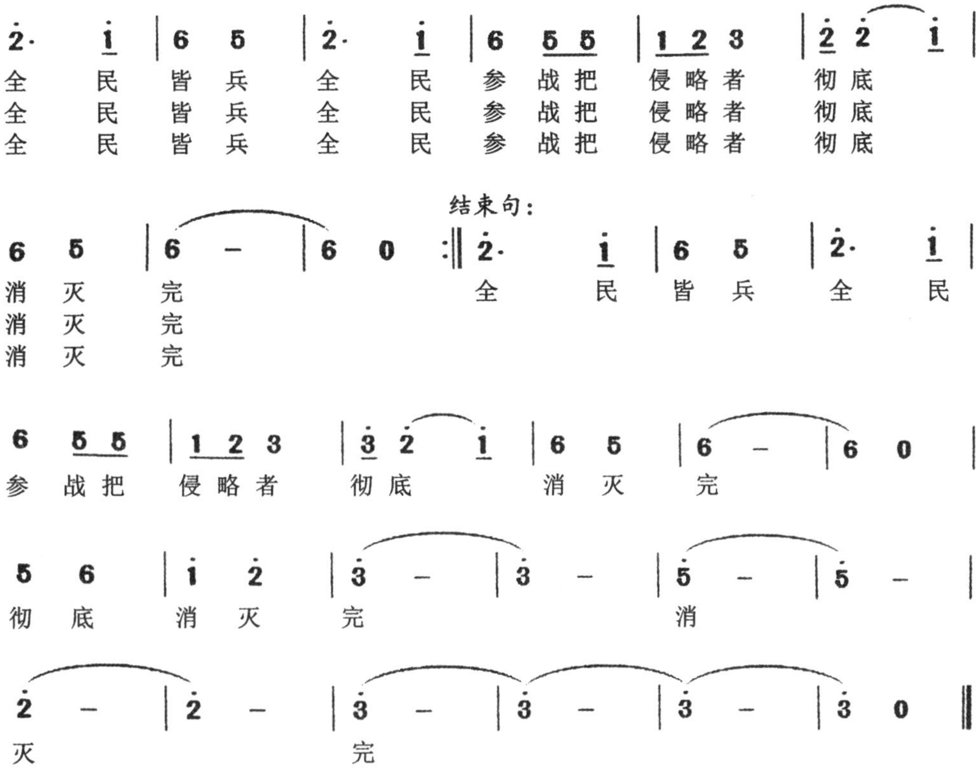
全民皆兵全民参战把侵略者彻底消灭完
全民皆兵全民参战把侵略者彻底消灭完
全民皆兵全民参战把侵略者彻底消灭完
结束句：
全民皆兵全民参战把侵略者彻底消灭完
彻底消灭完
消灭完

支前民谣

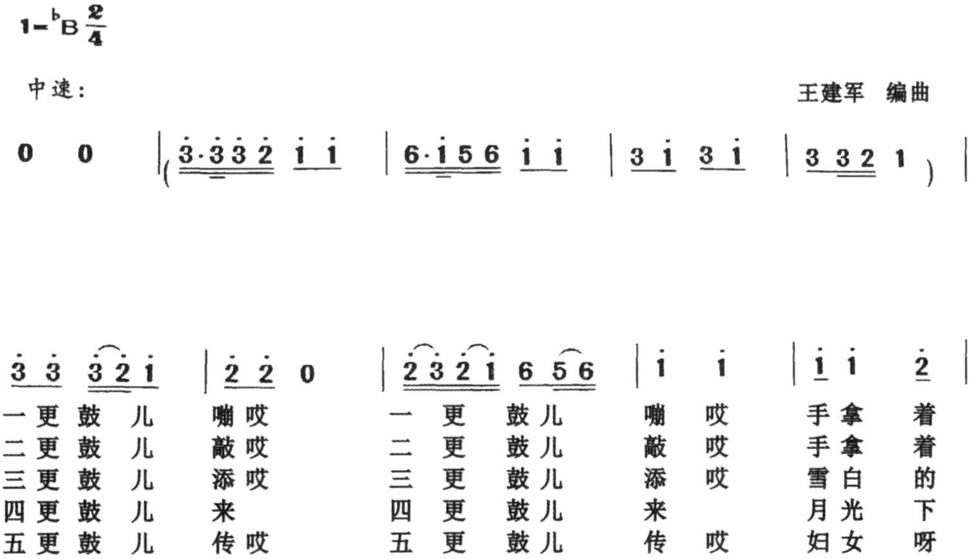
1=♭B 2/4
中速：
王建军 编曲
一更鼓儿嘣哎 一更鼓儿嘣哎 手拿着
二更鼓儿敲哎 二更鼓儿敲哎 手拿着
三更鼓儿添哎 三更鼓儿添哎 雪白的
四更鼓儿来 四更鼓儿来 月光下
五更鼓儿传哎 五更鼓儿传哎 妇女呀

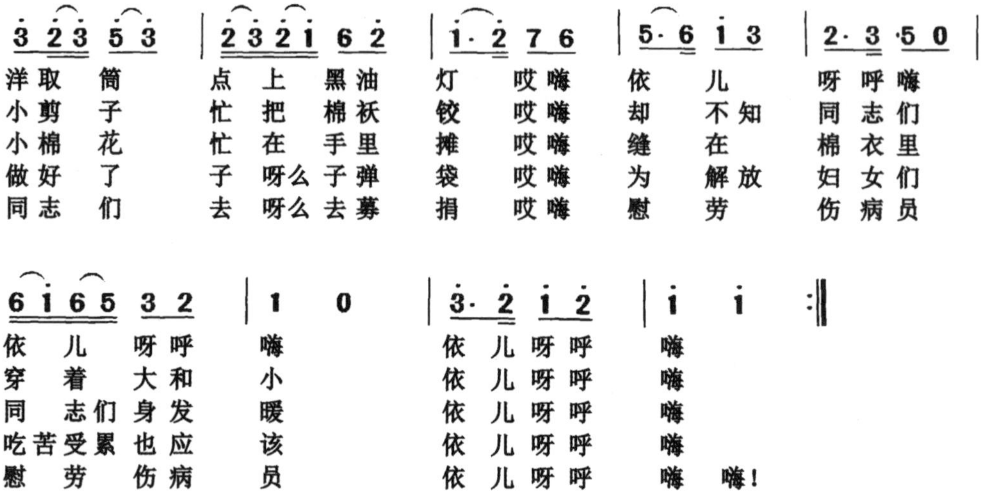

拥军小调

1=C $\frac{2}{4}$

王建军 编曲

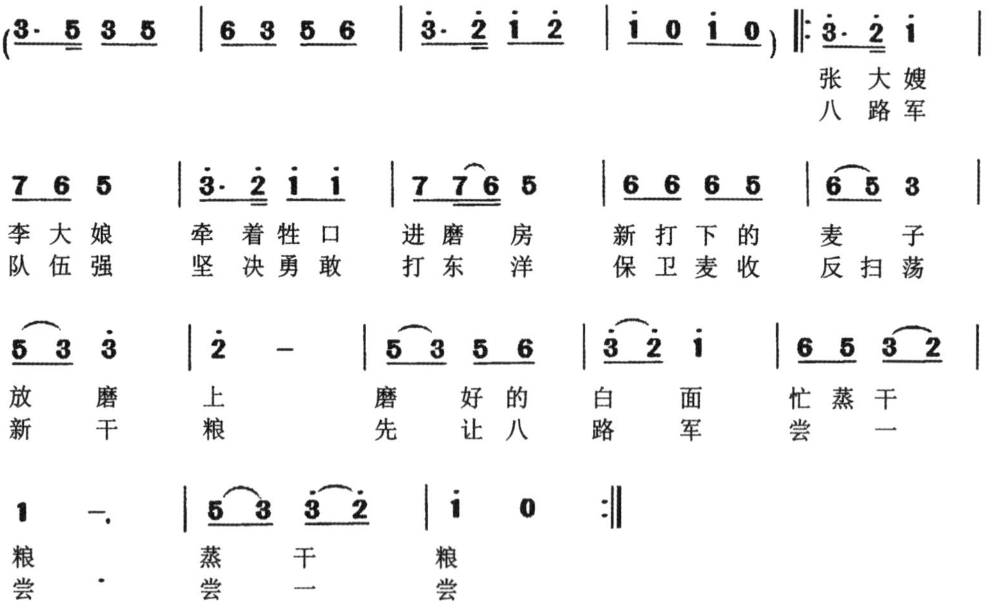

埋地雷

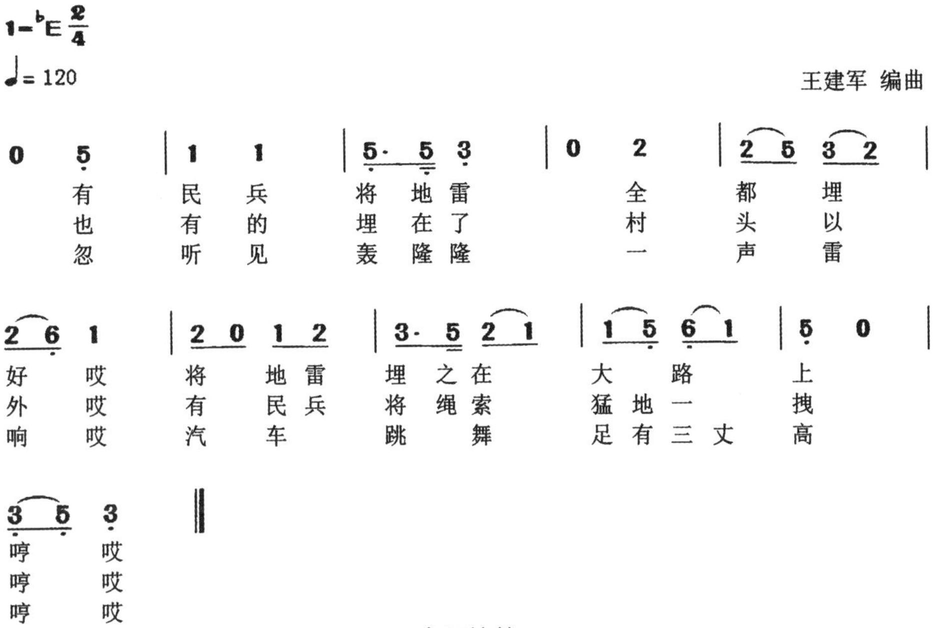

全民抗战

民国二六年，

华北起狼烟，

小小的日本来到咱这边，

搅扰我中原。

哎嗨哟，得儿愣登噌呀，

搅扰我中原。

叫声众青年，

一起来动员，

共产党领导咱全民齐抗战，

赶快上前线。

哎嗨哟，得儿愣登噌呀，

赶快上前线。

赶快上前线，

开展游击战，

参加八路军，

人人都占先，
打到鸭绿江边。
哎嗨哟，得儿愣登噌呀，
打到鸭绿江边。

前去把兵当

叫老乡，
你赶快把战场上啊，
前去把兵当。
莫等着日本鬼子来到咱家乡，
老婆孩子遭了殃，你这才把兵当。
你别说，鬼子们不来杀我啊，
就先享快乐。
你不出钱，我不当兵，想着法儿地躲，
没人打仗亡了国，看你怎么活？
你别想，谁家来给谁纳粮，
当个自在王。
日本鬼子来了奸淫烧杀抢，
一家大小杀个光，我的好老乡。
叫乡党，快拿起你的枪啊，
快到战场上，
咱不打退日本鬼子誓不还乡，
为国流血有荣光，我的好老乡。

送郎打日本

鸡叫天未明，
送郎打日本，
鞋和袜、干馍馍全都备在身。
送郎打日本，

后方工作紧，
站岗放哨妇女都担任。

支援前线

风吹烈火火烧天，
老百姓跟着军队上前线。
八路军在前面积极地打呀，
老百姓跟在后面来支前。
你烧开水，我做饭，
不让队伍有困难呀有困难。
要的是把日本消灭完，
大家享安然。

交通战

来呀来呀，
大伙呀，拿起镐，拿起锨，
展开交通战，
不分男，不分女，大家齐动员，
粉碎敌人的扫荡，
破坏交通最为先，
大家努力干，
走哇走哇，
拿起镐锨展开交通战。

保卫麦场

麦秆粗壮麦穗长，
鬼子眼红赛恶狼，
宁叫麦地变战场，
不让敌人抢走一粒粮。

民兵保家乡

埋好地雷端稳枪，
你钻地道我上房，
瞄准敌人啪啪地响。
他把南边来，
北边响叮当；
他从东边来，
西边响叮当；
房上也打，
地上也响，
呜龙乒乓乓。
别看民兵是个庄稼汉，
只打得日本兵不敢再进我村庄。

讲抗日搞宣传

妇救会，青抗先，
游击组，儿童团，
活报剧，跑旱船……
一样比着一样鲜，
大家宣传为抗日，
不打败鬼子心不甘。

小弟放哨捉汉奸

小河水呀向东流，
赶上这反乱的年头，
爸爸上战场，保卫咱家乡，
哥哥拿枪打东洋，
姐姐也组织妇救会，
妈妈给战士做衣裳，

剩下小弟弟心不甘，
站岗放哨捉汉奸。

查路条

同志哪里去，我要问问你，
通行证你带着呢，
拿来看看，我才能让你过去。

同志呀，你听我说，
这事真啰嗦，来得太仓促，
忘记了没带着，快让我过去吧，
咱们三里五乡谁不认识我？

这事不怪我，
我们村的自卫队站岗轮到了我，
上支下派命令传到，
就得照着做，
没有通行证，
就把你押在村公所。

碑铭

修冉庄桥记 尝读孟子篇有云，岁十一月徒杠成，十二月舆梁成，民未病涉也。是知修桥之事有益于生民者不浅矣。顾通衢大路之桥，修之在官者甚易；僻路小村之桥，修之自民者恒难。使不有仁人义士乐善好施，从而振兴于其际，则乡村之桥，其不至于废弛者几何乎。兹者冉庄村南，历有界河一道，发源于□都尧母泉。每年六七间，水势汪洋。原建石桥一座，并不知始于何代何年，其间重修者亦屡之矣。今因年远，桥几于坠。本村居民李恂、范应龙、王廷瑜等一十二人，乐捐财物，倡率合村，复今寺僧募化四外村庄，布施大小不等。同心共力，将桥重修。外增二丈，指日告成。余偶至其处，见此桥焕然一新，宽长坚固，不禁慨然叹曰：此诚千载盛事也。村人即求文于余。余亦不善于文，仅按其实事而略写序之，勒石以千垂不朽也。云尔，是为记。

白团刘先生讳克典阅

本村生员　王冠军撰　□□□书

安庆寺住持僧　海深

时，雍正九年岁次辛亥孟□□□□立

张发荣公墓志　盖闻，作善者降祥，修德者获福，势所必至，理有固然，自古及今未有易也。

张君，字发荣者，其子张夔、张庸求题石于予。夫君休风流，传于今为烈；躬行仁让，忠厚传家；道重圣贤，诗书教子。即后世之寝昌，知先德之甚盛，爰为之题其墓曰：

羡君勤兮家业增，嘉君德兮子孙兴。恃忠信以接物兮，洵处世以和平。孝友而克施兮，信多男而衍庆。吉人天相兮，吾其为君也颂。

署河间县训导、清苑县举人刘香篆额并书丹

同治二年二月上浣吉日建石

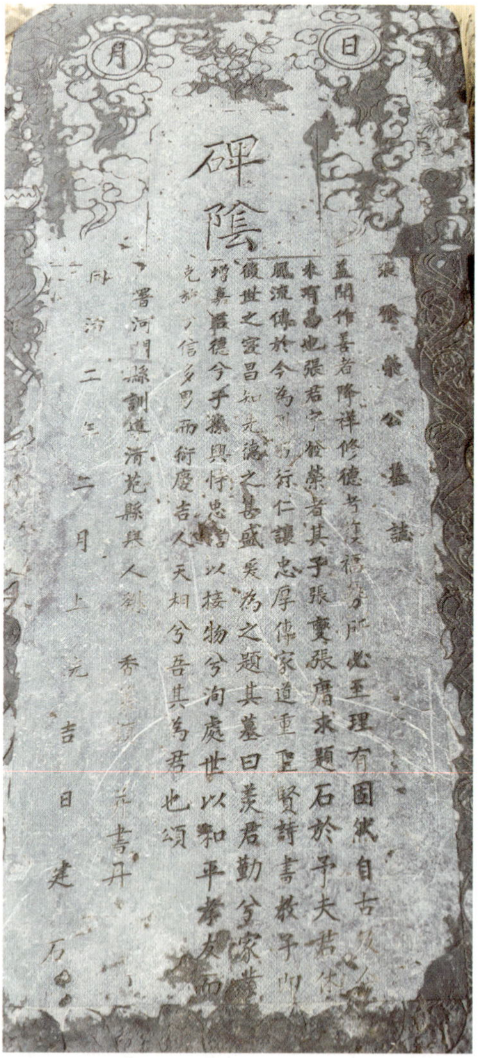

张发荣公墓碑阴（2020年）

重修黄龙港二桥碣石　大清乾隆四十四年岁次日季春吉日立

盖闻德莫大于济人，功莫宏于利物。而

济人利物之事，最重要莫过于修桥，盖以其解济而利人也。兹者北王力村北有石桥二座，在其城道者曰东桥，在冉庄道者曰西桥，二桥之建盖在年于兹矣。东桥修于万历年间，始本坚固，二桥大便行人，但历年已远，不免倾颓，而远近来往者，多阻隔于此。东桥之修再所不容迟也。……犹是车徒弗道。其视东桥之修，不亦不可。于吾乡王从圣、霍有明目击迎往之艰，心怀利济之益，而约阖乡众善人等共议重修，众人亦有同心也。爰是富者施财，贫者助力，鸠石立聚，乃石于东桥，倾者坚之，缺者补之，而于□目其往而其版，举旧制而改。行人之心率作敏皇，不数月而告终。□曰是徒者步之乐，车无脱辐之忧。此其利诚众，而且□而其功德洵大而且宏矣。工既竣，爰立石西桥之偏，以志其事于不泯云。

□邑廪生员刘邦柱撰

本府学生员□□□篆

本邑孝生员□鹤鸣书

薛庄战役诸烈士殉国纪略①　当此抗战第二阶段伊始，日寇为确保占领地带，乃抽调前方兵力，进行“扫荡”我抗日游击区。冀中为日寇心腹之患，故亦祸及，而清苑县首当其冲焉。记自1939年10月27日起，张登、白城、望都方顺桥、安国、博野之敌，以分进合击之术，向我县境迂回进扰。我十大队以众寡悬殊乃日夜奔驰戒备，目不交睫，席不暇暖者四日，疲惫已极。于月之三十日绕至外线望都县之薛庄，南屏唐河天险，且友军环驻，以为可籍定喘息。不意张登之敌于翌日晨，竟由北面冲入村内。安国与博野之敌复至南来相拼。我十大队战士，遂身陷重围。以血肉之躯，冒猛烈炮火，将敌冲退者再，敌死伤枕籍不下200余名。旋敌登屋。我仍继续浴血抵抗。弹尽而继之以砖瓦。砖瓦尽而继之刀锨。苦战二日之久，终不屈辱。遂作壮烈之牺牲，我刘县长寿彭当亦为国捐躯。薛庄百姓，惨遭屠戮者达30余名。

当敌围困之急，外无救援，内无余弹之际。我王政委友诚仍策励军士，冒弹杀敌。于大队副焕文自知不能生还，乃隐至屋内，曾以手枪击毙敌9人，终余一弹而自饮。勤务吕彦臂为炮火击落尚高呼“打倒日本帝国主义”不止。我三中队两士兵当日寇狂喊交械时，以仅余之手榴弹猛烈而掷，且骂：“请尝□□□手榴弹吧！”轰然一声敌五人应声而倒。凡此英雄杀敌之故事，实可惊天地而泣鬼神。惜不尽传，可慨也夫！

① 此碑曾于1987—2013年立于冉庄烈士陵园，2013年迁至北王力烈士陵园。

薛庄战役殉国烈士纪念碑（2020 年）

此次我十大队之勇杀敌壮烈牺牲，实乃我冀中工作员忠贞不屈之具体表现，中华民族不可侮之有力证明。日寇之欺骗宣传、诱降伎俩，在我十大队面前粉碎，撼我抗日军心难于撼山矣！汉奸可以闻之而愧矣！

先烈已矣，我辈生者，除对诸先烈致以崇高之敬意外，更当踏诸先烈之血迹，完其未完之伟业，驱逐日寇出中国，取得最后之胜利而慰诸先烈在天之灵也！

清苑县政府　秘书　郑太乙撰草

书学　张子真谨书。

殉难烈士名谱

代理清苑县县长刘寿彭、常同志晓农（组织部长）、国民革命军第三纵队第二游击总队第十大队政治委员王友诚、大队副于焕文、第一中队长王兰贞、中队副顾向尧、指导员孟瑞欣、第二中队长王瀛宾、中队副王桂林、第三中队长庄汉卿、指导员梁洪生、第四中队长王兰起、中队副张增华。指战员陈建国 段中□ 李庆芬 李光华 安子阳 吕国彦 韩亮 王金明 王兰庆 刘国潘 冯清义 胡振东 李尚志 李善福 胡国志 韩常青 王省华 臧成仁 王成记 廉清 王汉东 梁进元 韩勤儒 王清泽 韩廷刚 李兆江 曹清荣 刘振幅 王朝宾 刘春元 田明修 柳海耀 张忠信 王振山 崔瑞章 刘德元 刘秀荣 孙仲权 于凤格 刘瑞祥 杨文聚 曹致水 于景堂 吕国业 牟增祥 赵申酉 王月 刘清池 于德江 樊双喜 于景怀 杨立山 郄□儒 刘凯 邸生元 孟双盛 翟殿兴 苑春台 张学义 王俊江 霍允阳 刘迎鑫 王明瑞 王家恩 李长会 宋子昆 于秀泉 李俊台 姜金响 陈占元 吕振兴 史建嘉 刘树耀 戴金水 陈双成 宋文玉 姜文体 于纯洁 王□国 冯广纯 于卜海 王昆山 刘太平 庞文秀 胡连水 刘朝阳 冯树基 王汉栋 刘义堂 臧墨□ 邬建功 田有恒 张焕新 薛善元 于凤山 许和顺 李志超 邵武学 □庆云 于汶海 李国平 杜书志 卢凤阁 李国珍 高志英 张书香 李兰峰 徐流顺 李金生 王金生 姜新年 张银梅 张振清 张景星 姜学文 王汉杰 王兰义 王同君 王嘉桂 王□□ 王小进 王□□ □□□ 段进元 王振材 □□□ 李凤来 刘清波 王树芬 王□□ 王景才 王□□ 李春山 冯广圈 冯文瑞 顾凤起 马福来 张国全 李锡聪 韩荣生 赵金良

中华民国二十八年十一月二十九日

传说轶事

大禹治水在冉庄 大禹在冉庄一带治水的故事，在冉庄世代流传。

远古时期，百姓连年遭受水患，多次治理失败后，人们推举大禹治水。大禹感觉责任重大，日夜苦思冥想研究治水方法。一天晚上，大禹梦见一人来到面前，说道："上天被你的爱民之心感动，送给你一本《水经》，你可按书中的方法治理水患，一定成功。"大禹激动万分，猛然醒来，那人不见了，自己手中却有个书匣，上面嵌有"水经"两

个金字。大禹忙打开来看，里面都是治水方法。从此，他便自帝京开始，依次治理青、徐、荆、扬、兖、豫、冀、雍、梁等九州；他亲自测量、开挖九条水道——黑水、弱水、汉水、河水、江水、淮水、泗水、洛水、汭水；又测量了九山——会稽山、嵩山、衡山、岳山、岱山、所山、华山、霍山、恒山。

大禹在治水时遇到了一些鱼精水怪，它们兴风作浪，冲垮堤岸，淹没良田，毁坏房屋，吞食牲畜、人类。在大禹的指挥下，箭手们射死了许多水中妖魔。一天，在冉庄水域出现了一只巨大的鳌鱼，带领水族驱动激流巨浪，威胁冉庄村。大禹带领勇士迅速冲了过来。冉庄百姓与大禹一起与巨鳌搏斗，将巨鳌逼到低洼之处。大禹指挥人们取来泥土沙石往巨鳌背上抛，将这只水怪压住。

肆虐的洪水失去了领水的巨鳌，便无声无息地进入河道退回大海。后来，冉庄的百姓总觉得地下不安定，常有头晕目眩的感觉，人们认为是那只巨鳌在作祟。冉庄先民们编了个顺口溜：鳌鱼眨眼，头晕目眩，鳌鱼翻身，天塌地陷。这段顺口溜一直在冉庄流传。直到佛教在冉庄盛行时，修了座观音庙，才将这只巨鳌镇住，这块地面才平静下来。

洪水退后，露出了围村的长堤。大禹知道这是老父亲治水时堆砌的，上面有几处坍塌的豁口。大禹十分难过，看来老父亲只懂得以堆土隔水保命。一旦水没墙顶或被激流冲垮，必然是房塌人亡了。冉庄百姓要毁掉这些使人坐以待毙的土墙，大禹上前拦住众人说："这圈墙虽说用不着阻挡洪水了，可这里还有许多毒虫猛兽，我们将这土墙增高加厚，四个方向各开一门，白天打开，夜晚关闭，以保大家安全。"大家一听都欢呼起来。从此，冉庄就有了城寨，直到后来防土匪、打击日军，开展地道斗争，这座城寨都起到了很大作用。

大禹治水恪尽职守，身先士卒，由于长期在泥水里摔打拼搏，操劳过度，致半身瘫痪，走起路来摇晃不稳，庄子曾曰"禹偏枯"。跟随大禹治水的人，有不少腿瘸、瘫痪者。冉庄一直流传冉庄古人患筋骨病的人多，那是在治水时为制服巨鳌，长期在水里泡的原因。人们为了表示对大禹的敬仰和同情，称他走路的姿势为"禹步"。

张大奇息干戈救民于水火　明朝正德皇帝朱厚照宠信宦官，重用佞臣，不理朝政，终日纵情淫乐，穷奢极欲，地方官员横征暴敛，百姓生活在水深火热之中。明正德五年（1510 年），霸州文安百姓饥饿难忍，在刘六、刘七的带领下发动了起义，很快便组成了一支十万余人的起义队伍。朱厚照吓得魂飞魄散，在权臣刘瑾等人的怂恿下，到冉庄村青佛寺上香求平安。不料刘瑾却勾结青佛寺僧人空蒙法师，欲借此机会在青佛寺将朱厚照害死并篡位。

朱厚照到达青佛寺后，刘六、刘七的起义军闻讯赶来，很快，明朝的军队也赶来救驾。一场大战即将在冉庄村周围开始，百姓处在危急之中。

为解救百姓，冉庄村演武台李台主想到邻村张马庄村的张大奇。张大奇是武举人，因痛恨朝廷腐败，奸佞弄权，便称病回家。张大奇不仅武艺高强，还熟读兵书。此人平易近人，深受百姓崇敬。李台主找到张大奇，张大奇说："你来得正好，我正要去冉庄见你。李台主，你是为退兵之事吧？我想好了，咱们这就去刘六、刘七大营。"李台主愣了，说："你怎么跟我想到一块儿去了？我来找你就是想让你说服刘六、刘七退兵。"

二人来到起义兵大营的辕门，报了名号。没想到刘六、刘七兄弟俩亲自迎了出来，将张大奇、李台主二人请进大帐。张大奇、李台主二人坐定后，也没客套，单刀直入地说："二位大帅请速速退兵吧。"刘六沉默了片刻说："讲！"张大奇说："这地界可属天子脚下，至今皇上还是皇上，各路官兵源源不断地开来，而且附近州县局势稳定，军需供应充足。打几天仗你们顶得住吗？皇上的皇伞宝盖一亮，怕是'忠当尽命'者定会风起云涌地扑来，这是一；二是刘瑾之流早有弑君之意，他怂恿皇上来青佛寺的目的就是想将皇上囚禁于此，他在京城便会更加为所欲为。只要战争打响，他们会立刻杀死皇上，落个皇上死于起义军之手。若是刘瑾篡位，臣民们就更加没有活路了。二位没有立刻发起进攻，怕是也有其意吧？"刘氏二兄弟相互递了个眼色，异口同声地说："撤！"张大奇、李台主向刘氏兄弟一抱拳，转身就走。刘氏兄弟请求张大奇留下来当军师，被他拒绝了。

教书先生李存仁 李存仁，冉庄村人。清光绪年间秀才。科举废止后，他便在关帝庙办起自家私塾，称蒙学馆。他教的学生中有后来参加抗战的李九德、张森林。

李存仁为人谦和正直，师德师表令人佩服。他十分注重学生外在形象的培养，对学生的站、立、行、坐都有严格的要求。教学中从研墨、膏笔到起笔、运笔、收笔，步步都有讲究。

当时，清苑县处于保定府中心，教育发展很快，学堂、学馆遍布全县较大的村庄，有"八县清苑第一"之称（当时保定府下辖8个县）。县设教育机构叫劝学所，最高官员称"总董"，配有几名劝学员。初夏某日，总董率几名劝学员下乡巡视冉庄村办学情况，直接进了关帝庙。李存仁正在讲课，一位随员轻轻地走进教室，小声告知李存仁，总董长官来巡察了。李存仁说："我们正在上课，你们尽管巡察。"说完，便继续授课。

下课后，李存仁将总董一行让到一间庙房。总董想考查一下李存仁，便从书案上捡起了李存仁的教本《三字经》，问道："李先生，你是怎么理解'人之初，性本善'的？"李存仁答道："在我们为师的人看来，每个学生都是好孩子，大多能成为国之栋梁！只有严格管教，他们才能成为有用之才。"总董又问："同在一个学堂读书，培育出来的学生为什么有优劣之分？"李存仁答："千人千面哪能一般？因人施教总有其用。"总董又问："现在新的教育方式是对学生采取说服教育，废止体罚。你怎么看待？"李存仁说："说服教育方式对大多数学生是适宜的，也是我始终而为之的。可对个别学生则难以奏效，还是应该采取以德润之，以力控之。对那些常念错音、写错字、背不通者，一板子拍下，立马见效。"李存仁讲完后，总董只是微微一笑，说了一个字，行。

这次巡察，总董认为李存仁当属褒奖之列，李存仁婉言谢绝，让给了年高资深的老先生。

演武台主李老岱 李老岱惩恶扬善的故事在冉庄村祖辈相传。李老岱生于清末民国初期，自幼练得一身功夫。当时冉庄村设立演武台，李老岱担任教头。

一天，一个大汉赶着辆三套马车（三匹马拉的大车）走在去冉庄村的大道上，上面坐着几个腆胸叠肚的年轻人。到了冉庄村边，追上了一队推水果车的山民，这条庄稼道只能容一辆大车通过。凶汉将马头外拨，马车左车轮紧贴着水果车，右轮撞倒了一溜玉米，超过水果车，挡住道路。山民们走上前来哀求大汉。被轧的庄稼主人也前来劝说："这庄稼轧了就轧了，让山民们过去吧。"大汉根本不理睬，挑衅说："你们冉庄不是有能人吗？让能人们过来，我就放他们过去。"双方僵持在那里。

李老岱听到消息后，带着几个徒弟来到村边。他向大汉好言劝道："请你高抬贵手，让山民过去。"大汉盯着李老岱说："我们是来见识你们的功夫的。"李老岱笑着说："请先让山民们过去，咱们再比试。"大汉刁顽地说："分不出高低来，他们休想动！"他转身看见车辕上竖插着的白蜡杆鞭子，对李老岱说："你若将这白蜡杆鞭子折断，我就放他们过去！"白蜡杆有一把粗，坚硬无比，就是刀劈斧剁也得费点儿力气。李老岱双手抓住白蜡杆，提丹田之气，怒目奋髯，开！喀嚓一声响，白蜡杆断为两截！李老岱向大汉一抱拳，说了声好自为之，转身招呼徒弟们回村了。大汉只得给山民放行。

名人与名镇

冉庄镇是革命老区。抗日战争和解放战争期间，大批英雄儿女参军参战，保家卫国。仅1939—1940年，冉庄村就有85名青年参军走上抗日前线。冉庄民兵是一支富有传奇色彩的地方武装队伍，他们利用地道战打击敌人，英勇顽强，巧妙灵活，誓死不屈，书写了可歌可泣的英雄故事。

人物传略

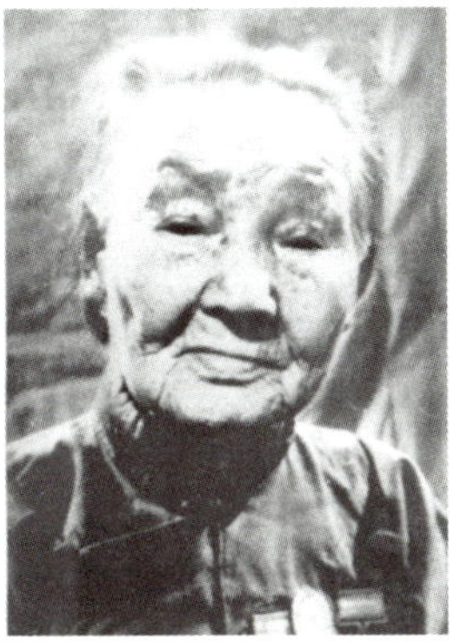
王霞

王霞（1889—1979） 女，冉庄村人。1938 年加入中国共产党，是冉庄村早期共产党员之一。抗日战争时期，担任冉庄村党支部副书记和村妇救会主任。其间，积极培养妇女积极分子、秘密传递情报、保护革命干部和战士。1940 年，王霞丈夫、次子先后在战斗中牺牲。她强忍悲痛，带领姐妹们支援前线、救护伤员，参与破坏公路、铁路，填封锁沟，并冒着生命危险为根据地运送急需物资，被誉为“英雄母亲”。

中华人民共和国成立后，王霞先后获全国政协会奖章、河北省人代会奖章、河北省优秀烈军属奖章、河北省社会主义建设积极分子奖章、保定专区优秀烈军属和荣、转、退优抚模范代表纪念章、中华人民共和国赴朝参观团“和平万岁”纪念章。1979 年 8 月 3 日，因病去世。

任殿峰（1901—1984） 冉庄村人。1938 年加入中国共产党。抗日战争期间，担任冉庄村支部组织委员，分管冉庄抗日武装委员会工作。1940 年春，任殿峰负责古槐至北关、古槐至姜庄村的地道挖掘工作，带领群众顺利完成挖掘任务。1940 年 3 月，同妇救会主任王霞救助了八路军烈士一遗孤。1942 年 3 月，配合张森林破坏平汉铁路、炸毁火车，把铁轨运回兵工厂，制造武器。当时制造的榆木大炮被认定为国家一级革命文物。1945 年 3 月 31 日，任殿峰在高房工事指挥作战中，打退日伪军多次进攻。1945 年 7 月，由于叛徒出卖，任殿峰被捕，其间受尽严刑拷打，宁死不屈，后经党组织营救出狱。

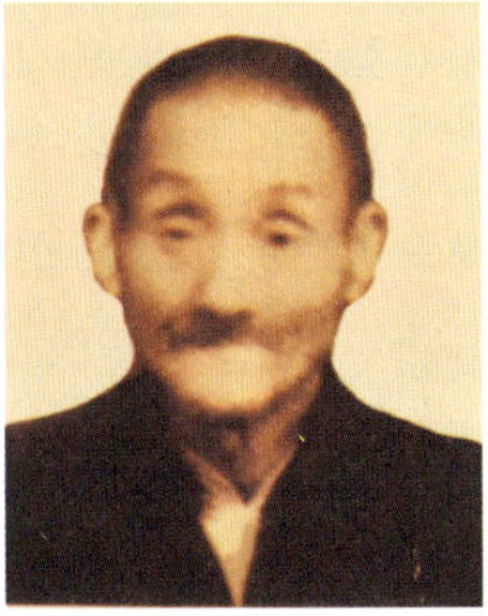
任殿峰

中华人民共和国成立后，先后担任冉庄粮贸主任、冉庄供销合作社主任。

张廷华（1903—1965） 冉庄村人。张廷华小时候念过私塾，是冉庄村的文化人。抗日战争初期，冉庄村教育条件差，张廷华与李九德把村东奶奶庙改造为学校。学校建成后，亲自施教指导，之后又面向冉庄成年人办起冉庄夜校。张廷华多次利用过年唱戏机会登台宣传党的政策，还承担了书写抗战宣传标语的任务，并根据形势需要，及时更换标语内容。 保定解放前夕，曾冒着生命危险在保定墙上书写大标语。1950 年，张廷华参加了全国农业劳动模范大会，被评为全国农业劳动模范。

李九德（1906—1939） 又名李化民，冉庄村人。幼年就读于本村私塾，从师本村清末秀才李存仁，后到保定直隶第二师范学校读书。1922 年毕业后去北平（北京）继续求学。其间接受革命思想，走上革命道路。1925 年加入中国共产党，同年回到家乡发展乡村教育，秘密开展革命工作。1938 年任清苑县第二区区长，同年调任清苑县教育科长。1939 年 7 月 31 日，在冉庄惨案中，因汉奸出卖，惨遭杀害，年仅 33 岁。

李九德

隋雅香（1906—1983） 女，冉庄村人。1923 年，隋雅香和李九德结婚。1925 年，李九德回到家乡任教，秘密开展革命工作。隋雅香支持丈夫工作，配合丈夫发动群众，宣传抗日，成为丈夫的得力助手。1938 年 2 月 14 日，隋雅香被推选为副村长。1939 年 7 月，李九德牺牲，隋雅香继续进行革命工作，出色完成征粮、支前等任务，多次受到上级表彰。1944 年，隋雅香把 14 岁的大儿子李恒彪送到民兵队，李恒彪成为冉庄村年龄最小的民兵。

隋雅香

张森林（1909—1943） 冉庄村人。1938 年加入中国共产党，成为冉庄村第一名共产党员、第一任村党支部书记。1940 年，任区委书记兼清苑县大队政治委员。先后组建冉庄农民抗日救国会、冉庄青年抗日救国会、冉庄妇女抗日救国会等组织，并组织成立了青年抗日先锋队和妇女自卫队。组织领导农、青、妇、工会及人民武装，同日军展开顽强斗争。1938 年，张森林为了躲避敌人在自家菜窖里挖出一段地洞用于藏身，成为冉庄“第一洞”。1942 年，日伪军对清苑进行大规模“扫荡”。张森林提出挖地道、垒夹壁墙的建议，为后来大规模开展地道战打下了基础。1943 年农历三月初五夜间，张森林在与县委、区委干部组织秘密会议时被捕。1943 年农历三月初八，张森林被日伪军活埋在段庄村外，遗体由高老白、高志等村民偷运回村，在为其清洗身上的血痕时，从他的内衣袋中发现了《就义辞》诗稿。1997 年 5 月，诗稿被确认为国家一级革命文物。

李恒木

李恒木（1909—1950） 冉庄村人。抗日战争时期，李恒木被任命为民兵队长。他作战英勇机智，对队伍管理严格，使冉庄民兵战斗力不断增强。敌人多次抓捕李恒木，在乡亲们的掩护下，敌人的抓捕落空。为了诱捕李恒木，日伪军将其父李进长抓捕杀害。1945 年 8 月 22 日，在摧毁日军屯守多年的张登据点战斗中，李恒木使用地道战战术，对炮楼实施爆破，震慑敌人，为清除日军据点做出突出贡献。1950 年 2 月 27 日，李恒木病逝，年仅 41 岁。

李九皋（1910—1981） 冉庄村人。1937 年 11 月，组建冉庄护村民团，任团长。1938 年 2 月，任西片联庄会团长。其间，带领联庄会对土匪李连芳、韩子犹予以沉重打击。1938 年，联庄会改编为冀中人民自卫军第一支队，李九皋任第二大队副队长，后第二大队改编为二分区司令部警备营，李九皋任副营长。中华人民共和国成立后，李九皋在冉庄村务农，1981 年因病去世。

高振远

高振远（生卒年不详） 生于清末民国初期。冉庄村人，抗日战争初期任村长。1938 年加入中国共产党，后任村党支部委员。1937 年 11 月，高振远发起组建冉庄护村民团。在护村民团组建中，高振远率先买了一支大枪，起到带头作用。

高振福

高振福（生卒年不详） 生于清末民国初期。冉庄村人。自幼习武，早年参加东北军，先后担任排长、吕正操的警卫员。1933 年，高振福在热河战役中腿部受伤，回老家冉庄村养伤。“七七事变”后，高振福和好友李贵廷找到任丘，被吕正操的部队录用，编入 691 团 3 营 9 连，任副连长，后多次立功受奖。1937 年 9 月，高振福加入中国共产党。1937 年 10 月 14 日，吕正操脱离东北军序列，改编为人民自卫军，正式成为中国共产党领导下的抗日武装。高振福跟随吕正操深入敌后，转战冀中平原。1940年深秋，在深县的一场战斗中，高振福中弹负伤。回老家冉庄村养伤后，被村支部安排在十字街大槐树旁开烟酒百货店，以开店为名，传递情报，掩护地下干部，遇有情况，就拉响大槐树的大钟报警。1942年，高振福担任冉庄村党支部书记，带领村民同日军进行英勇抗争。中华人民共和国成立后，高振福曾几次参加英模会。

梁连恒（1915—1989） 冉庄村人。抗日战争期间，任冉庄民兵队爆破组组长。1939年秋，冉庄村组建兵工厂，梁连恒任厂长。他挑选5名民兵为兵工厂首批成员，将家里的白菜窖扩宽加固，改造为武器制作场所。1939年冬，日伪军到冉庄村“清剿”，兵工厂被破坏，梁连恒将兵工厂搬进地道，确保了兵工厂的安全。他不仅在武器制造方面贡献突出，还多次参加战斗。1982年3月，出席河北省第五届人民代表大会第四次会议。1989年1月7日，因病去世。

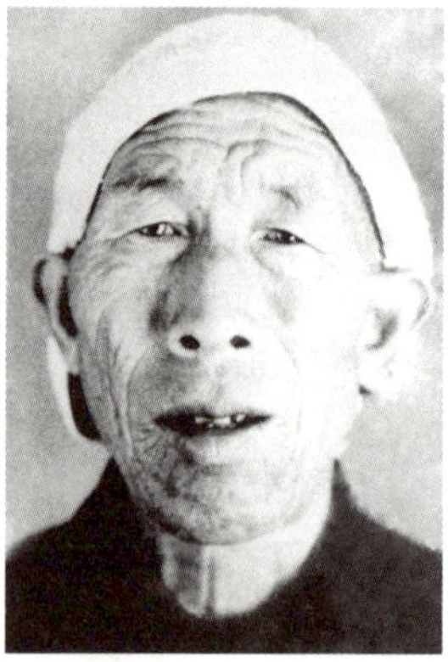

梁连恒

崇喜柱（1916—2006） 东马庄村人。14岁就给地主打短工。1937年10月，崇喜柱参加当地联庄会。1938年4月加入人民自卫军，同年加入中国共产党。1940年11月，任之光县手枪队队长，锄奸反特，保护县委机关的安全。1942年，日军“五一大扫荡”后，配合县委开展地下斗争。1943年，崇喜柱在打击、偷袭敌人炮楼、据点、封锁线周围的小股敌人，严惩汉奸、特务行动中作战英勇，多次获得表彰奖励。2006年，因病去世。

崇喜柱

王玉龙（1916—1996） 原名王印怀，冉庄村人。1937年，担任冉庄村副村长。1941年加入中国共产党。1942年担任村长。抗日战争时期，积极带领乡亲们挖地道，多次带领民兵为部队送粮食。在运送粮食的过程中，王玉龙3次中弹、腰部重伤。1947年10月，带领冉庄村民完成土地改革任务，因表现突出，同年到本县西洪义村指导土改。1957年，任高级社社长，后因其妻双目失明辞去社长职务。1958年，到北京774厂

王玉龙

工作，直到退休。1996 年 4 月 30 日去世。

李恒源

李恒源（1917—1968） 冉庄村人，王霞的大儿子。1939 年农历六月十五日，日军制造冉庄惨案后，22 岁的李恒源加入八路军，入伍后他不怕吃苦，作战勇敢。在日军“五一大扫荡”期间，担任游击队的班长。由于作战机智勇敢，很快提升为营级干部。日军投降后，随部队走上解放战争战场，后又参加抗美援朝。回国后，随所在部队奔赴边疆。1954 年，转业到天津党校工作，后调任河北省唐山市一家国有企业担任党委书记。1962 年，回到故乡冉庄村。

李明贵

李明贵（1920—1993） 冉庄村人。其父李振山是冉庄村早期共产党员之一。1938 年加入中国共产党。在地道战斗争中，机智勇敢，被推选为民兵班长，是冉庄民兵中参加战斗最多的一个。

李连瑞（1921—1942） 冉庄村人。1938 年投身到抗日战争中，1939 年加入中国共产党，任冉庄村青年抗日救国会主任。1940 年调区委工作，任宣传委员。其间，带领爱国青年和抗日民众挖隐蔽洞、站岗放哨、拆铁路、毁公路、割电线、断桥梁、支援前线，为抵御日军侵略做了大量工作。1942 年冬，李连瑞在宣传抗日、组织抗日力量时，因汉奸告密，壮烈牺牲，年仅 21 岁。

张景芝

张景芝（1922—2014） 女，清苑县郑各庄村人，1937 年嫁到冉庄村。抗日战争中参加妇救会，组建妇女自卫队，任队长。带头剪掉大辫子，带领女青年训练。1939 年，清苑县中共党组织工作人员转入地下开展对敌斗争，自卫队无法集中训练，张景芝恳求党支部把掩护地下党的任务交给她。接受任务后，深入各家各户，对各家的藏身洞、夹壁墙、出入口以及全村人的思想状况进行深入了解并做到心中有数。在两年多的时间里，她掩护地下工作人员和游击队队员 20 多人。由于表现突出，被吸收为共产党员。中华人民共和国成立后，张景芝先后受到河北军区、中共保定市委、保定市人民政府、保定警备司令部的表彰。1995 年 9 月和 1998 年 9 月，两次应邀参加中组部召开的农村老党员座谈会、农村抗日战争时期老干部座谈会。

王九福（1923—1985） 冉庄村人。自幼习武，生性好义。抗日战争中成为冉庄民兵，多次参加战斗。他聪明伶俐，机智过人，多次执行特殊任务，被乡亲们誉为“机灵鬼”。中华人民共和国成立后，王九福一直在家务农，1985年因病去世。

王九福

李勇

李勇（1924—1984） 冉庄村人。15岁任冉庄儿童团团长。其家老房一直保留着一口井，井旁建有秘密地道，是抗日斗争最艰苦时期，李勇为掩护村党支部书记张森林选定的地点，后被称为“李勇井”。先后担任冉庄青年抗日先锋队队长，清苑县青年抗日救国会组织部部长，后担任抗日军政大学二分校教员、锄奸部干事和部长。1945年，带领200名青年民兵加入中国人民解放军第四野战军，担任指导员，先后参加解放石家庄、解放长沙战役。在渡江战役中，担任游泳队队长，护送“四野”首长过长江。1952年转业回到地方。1982年离休，县团级待遇。

于庆和（1926—2009） 小张庄村人。1942年参加冀中八路军，经历了抗日战争、解放战争、抗美援朝。在解放战争期间，参加了清风店战役、解放石家庄、新保安围歼战等多个战役。1951年随志愿军第十九兵团入朝参战，在多次战斗中立功受奖。历任班长、排长、连长、营教导员、团政治委员、师副政治委员等职。2009年因病去世。

李恒勋（1928—1989） 冉庄村人。1938年，10岁的李恒勋参加了八路军，在冀中军区二分区工作。1939年，回到清苑，担任清苑区十区儿童部长。1944年，任冉庄村青年抗日救国会主任。1946年，正式参军，先后在晋察冀军区三纵队，中国人民解放军第63军、第38军服役。1950—1952年，参加抗美援朝，负伤后回国养伤。李恒勋在抗日战争、解放战争、抗美援朝中，多次参加战斗，作战勇敢，多次获得奖章。1973年，转业到兰州电影机械厂工作。1989年去世。

李恒勋

冉庄镇革命烈士名录

冉庄镇革命烈士一览表

表 6

姓名	籍贯	参加革命时间	牺牲时间	牺牲地点	牺牲时所在单位及职务	备注
李振其	冉庄村	1938	1942	新乐县	22 团排长	—
张廷杰	冉庄村	1938.6	1941.4	新乐县	17 团连长	—
李东海	冉庄村	1938	1941	行唐县	分区连长	—
张丙军	冉庄村	1938	—	—	2 分区战士	失踪
李　贵	冉庄村	1939	1946	北大冉	6 小队班长	—
李春九	冉庄村	1939	—	—	18 团战士	失踪
李　球	冉庄村	1939.8	1942	东闾	18 团战士	—
王连九	冉庄村	1939	1940.8	完县	特务 10 连战士	—
王喜文	冉庄村	1939	—	—	18 团战士	失踪
张矿尔	冉庄村	1939	—	—	战士	失踪
李庆尔	冉庄村	1939	—	—	18 团战士	失踪
张森林	冉庄村	1938	1943.4	北段庄	4 区区委书记	—
李连瑞	冉庄村	1939	1942	东孙庄	5 区区委干部	—
李龙喜	冉庄村	1939	1946.12	冉庄	村民兵	—
王景英	冉庄村	1941	1945	晋绥边区	16 团班长	—
李金辉	冉庄村	1941.6	1942	山西省	6 团战士	—
隋　琪	冉庄村	1941	1941	山西省	2 团战士	—
王志五	冉庄村	1942.8	1945.8	北大冉	18 团通信员	—
梁意生	冉庄村	1942	1944	容城县	战士	—
王全福	冉庄村	1949.10	1953.3	朝鲜	志愿军排长	—
张守志	大张庄	1938.2	1948.5	山西省	炮兵团排长	—
张善喜	大张庄	1938	1948	东孙庄	县文教会主任	—
张吉俊	大张庄	—	1939.10	田各庄	村民工	—
张冻尔	大张庄	1939	—	—	青年 1 营战士	失踪
张道尔	大张庄	1939	1941.12	高阳	24 团副排长	—
张耀田	大张庄	—	1939.10	田各庄	村民兵	—

续表 6

姓名	籍贯	参加革命时间	牺牲时间	牺牲地点	牺牲时所在单位及职务	备注
姜旦子	姜庄	1938	1939	望都薛庄	县大队战士	—
姜文喜	姜庄	1938	1939	望都薛庄	县大队战士	—
姜锡元	姜庄	1938	1941	晋县	22 团战士	—
姜金凯	姜庄	1938	1942	—	6 团班长	—
王春辉	姜庄	1939	1942	完县	1 分区战士	—
杨志敏	姜庄	1941	1945.5	丰台	之光 6 小队副政委	—
王进生	姜庄	1946.8	1946.10	中冉	县大队连长	—
李三九	三间房	—	1941.11	北马庄	村民兵	—
李锡斌	三间房	1938	1941	定县	2 区战士	—
李登先	三间房	1939	1941	蠡县	18 团指导员	—
李乱京	三间房	1939	1941	北王力	18 团战士	—
李平南	三间房	1939.2	1941.8	肃宁县	33 团战士	—
李子建	三间房	1940.1	—	三房	18 团排长	—
李风造	三间房	1940	1940	完县	33 团战士	—
李文振	三间房	1940.1	1941	蠡县	33 团战士	—
李凤钢	三间房	—	1942	张登	三间房小学校长	—
封文殿	封庄	1939	1939	定县	18 团战士	—
李树申	封庄	1939	1939	田各庄	18 团战士	—
姜祥尔	封庄	1939	—	—	野战军 27 团战士	失踪
安宝尔	封庄	1945	1948.8	北大冉	战士	—
于大雪	西辛庄	—	1942	涞源县	野战军战士	—
张　连	西辛庄	1937.10	1939.10	徐水县	120 师通信员	—
于文高	西辛庄	1937.10	1939.10	徐水县	120 师战士	—
韩　亮	西辛庄	1938	1939.11	望都县	县大队文书	—
于文义	西辛庄	1940	1942	宣化县	野战军战士	—
韩俊荣	西辛庄	1946.5	1946.11	南辛店	县大队战士	—
韩来喜	西辛庄	1946	1947.2	林水	武工队战士	—
张金套	西辛庄	1948.2	1949.5	太原市	野战军战士	—
赵常林	靳庄	1938	1940	满城县	18 团战士	—
赵狗文	靳庄	1939	1940	蠡县	18 团战士	—
赵东城	靳庄	1940	1947.4	山西省	27 团战士	—
刘风海	靳庄	1941	1942.6	南侯	77 团战士	—
赵更福	靳庄	—	1941.2	靳庄	村民兵	—
靳石头	靳庄	—	1940	靳庄	村民兵	—
赵黑小	靳庄	—	1941.2	杨庄	村民兵	—
刘明山	靳庄	—	1941	杨庄	村民兵	—
孟兆荣	靳庄	1944.4	1946.10	徐水县	24 团战士	—
赵济德	靳庄	1947	1947.10	救济医院	武工队队员	—

续表 6

姓名	籍贯	参加革命时间	牺牲时间	牺牲地点	牺牲时所在单位及职务	备注
赵济兰	靳庄	1968	1970	—	0907 部队战士	—
张孝义	张马庄	1938	1939.10	望都薛庄	县大队战士	—
张兰柱	张马庄	1938.5	1940.9	安新县	18 团战士	—
张金和	张马庄	1939	1941.6	唐庄	6 团战士	—
张国福	张马庄	1939	1941.11	安平县	22 团班长	—
张青景	张马庄	1939.3	1940.5	肃宁县	18 团排长	—
张双进	张马庄	1940	—	易县	6 团战士	失踪
张福儿	张马庄	1940	1942.5	深泽县	68 区队副队长	—
张双邱	张马庄	1940	1941.6	易县	6 团战士	—
张国温	张马庄	1941	1941.12	容城县	18 团战士	—
李清典	东孙庄	1938	—	—	18 团战士	失踪
李善恒	东孙庄	1938	1939	定县	6 团战士	—
刘玉生	东孙庄	1938	1939	望都薛庄	县大队战士	—
刘玉和	东孙庄	1939	—	—	特务营战士	失踪
张福顺	东孙庄	1940	1942	—	6 团战士	—
李善光	东孙庄	1944	—	—	—	失踪
刘　水	东孙庄	1946.7	1948.8	易县	17 团战士	—
王风亮	小张庄	1937	1938	安平县	18 团战士	—
于庆英	小张庄	1938.7	1939.9	刘村	18 团战士	—
曹春台	小张庄	1939	1944	—	战士	—
田春德	小张庄	1944.3	1947.7	徐水县	18 团副班长	—
王树志	北马庄	1938	1941	易县	野战军卫生员	—
王树洪	北马庄	1938	1941.9	蠡县	18 团班长	—
王瑞芝	北马庄	1938	1945	山西省	野战军班长	—
冯忠太	北马庄	1938	1946.5	内蒙古	120 师战士	—
刘金元	北马庄	1939	—	—	18 团战士	失踪
薛连会	北马庄	1939	1940	博野县	18 团战士	—
王仲玉	北马庄	1939	1940	望都县	18 团战士	—
薛三喜	北马庄	1939	1947	高阳县	18 团指导员	—
王黑仁	北马庄	1939	1941	—	18 团战士	—
霍尚义	北马庄	1940.7	1942.7	望都县	24 团副排长	—
兰金水	北马庄	1940.6	1946.1	集宁市	27 团班长	—
薛喜林	北马庄	1940.3	1943.9	山西省	24 团班长	—
王四尔	北马庄	1941	1943	涞源县	6 团班长	—
王国生	北马庄	1941	1942	博野县	18 团战士	—
何进才	北马庄	1942	1948.10	蠡县	9 分区班长	—
高全有	北马庄	1944	1946	涿鹿县	工兵营副班长	—
王汉生	北马庄	1945	1945	西王庄	18 团战士	—

续表 6

姓名	籍贯	参加革命时间	牺牲时间	牺牲地点	牺牲时所在单位及职务	备注
兰增义	北马庄	1945.8	1945.8	张登	村民兵	—
刘春林	北马庄	1946.8	1948.6	南侯	79 团战士	—
袁青汇	北马庄	1946.7	1948.6	常乐	9 分区工作人员	—
王汉兴	北马庄	1946.7	1947.10	徐水县	24 团班长	—
袁春江	北马庄	1946.7	1948.6	保定常乐村	9 分区司令部工作人员	—
杨绍峰	北马庄	1946	—	—	4 野 2 分团战士	失踪
王金宝	北马庄	1948.10	1951	朝鲜	志愿军战士	—
王春生	北马庄	—	1939	保定	18 团战士	—
赵桂芳	北马庄	—	—	—	—	—
薛春荣	东马庄	1938.6	1945.8	山西省	17 团副营长	—
薛义和	东马庄	1938	1942.5	新乐县	22 团副营长	—
薛春亭	东马庄	1938	1941.8	完县	军区司药长	—
薛义华	东马庄	1938.2	1948	大同市	18 团排长	—
薛玉芬	东马庄	1939.2	1940.11	榆林	1 总队连长	—
薛　安	东马庄	1939	—	—	18 团战士	失踪
杨刁尔	东马庄	1939	—	—	青年营战士	—
薛云奇	东马庄	1939	1941.12	山西省	120 师战士	—
薛文奎	东马庄	1939	1941.11	三间房	县大队班长	—
杨木林	东马庄	1939	1939	曲阳县	战士	—
薛友新	东马庄	1940	1943	大李各庄	36 团副排长	—
薛中表	东马庄	1940	1940	定县	18 团战士	—
薛木森	东马庄	1940	1947.5	营头	县大队战士	—
杨黑子	东马庄	1940	1942	定县	24 团战士	—
薛兰贵	东马庄	1944	1947	臧村	27 团战士	—
崇喜春	东马庄	1946.7	1946.10	涿县	24 团战士	—
韩沛兰	蒋庄	1938	1941	定县	警备旅战士	—
韩乃然	蒋庄	1938	—	—	2 分区战士	失踪
阎树其	蒋庄	1938	1939	张登	村农会干部	—
阎锦忠	蒋庄	1938	1940	大魏庄	县大队班长	—
韩勤儒	蒋庄	1938	1939.10	望都薛庄	36 大队战士	—
韩海水	蒋庄	1938	—	—	学兵营战士	失踪
刘福增	蒋庄	1938	1942	定县	22 团战士	—
韩佩易	蒋庄	1938	—	—	120 师战士	失踪
韩香茹	蒋庄	1938	1942	山西省	120 师战士	—
韩荣生	蒋庄	1938	1939.10	望都薛庄	县大队战士	—
韩玉吾	蒋庄	1938	1939.10	望都薛庄	县大队战士	—
韩云亭	蒋庄	1938	1939	张登	村农会主任	—
韩喜成	蒋庄	1938	1949	青海省	区助理员	—

续表 6

姓名	籍贯	参加革命时间	牺牲时间	牺牲地点	牺牲时所在单位及职务	备注
崔清波	蒋庄	1938	1939	李清沽	18 团指导员	—
王树鸿	蒋庄	1938	1941	大曲堤	冀中 18 团班长	—
谢寿英	蒋庄	1939	—	—	警备营战士	失踪
谢寿恒	蒋庄	1939	—	—	县大队战士	失踪
谢进宝	蒋庄	1939.9	1945	山西省	27 团班长	—
谢寿尧	蒋庄	1939	1945	山西省	27 团战士	—
韩沛受	蒋庄	1942	—	—	2 分区通信员	失踪
张凤瑞	蒋庄	1942	1948	宛西镇	4 纵队 29 团副排长	—
崔洛秋	蒋庄	1945	1951	朝鲜	志愿军副班长	—
韩仙茹	蒋庄	1946	1947.10	徐水县	2 纵队副排长	—
韩书田	蒋庄	1946	1947.2	保定市	县联络部人员	—
张树田	蒋庄	1946	1958	北京	空军司令部排长	—
谢乱子	蒋庄	1948.4	—	朝鲜	志愿军战士	失踪
赵连堂	西马庄	1938.6	1938.11	望都县	县大队警卫员	—
杜金祥	西马庄	1938	1938	南大冉	2 区公所炊事员	—
赵金良	西马庄	1938	1939.10	望都薛庄	县大队战士	—
王文良	西马庄	1939	1942	赵县	1 团副指导员	—
霍锁成	西马庄	1939	—	—	18 团战士	失踪
霍来子	西马庄	1939	—	—	33 团战士	失踪
赵士桂	西马庄	1939	1940	保定市	县 4 区小队战士	—
霍喜全	西马庄	1939	1941	望都县	18 团战士	—
霍尚良	西马庄	1939	—	望都县	18 团战士	失踪
白春喜	西马庄	1939	1940	狼牙山	冀中 6 团战士	—
霍销成	西马庄	1939	失踪	—	18 团 1 营战士	—
霍喜柱	西马庄	1940.2	1941.5	胜堂浦	1 分区战士	—
霍宗肖	西马庄	1940	—	—	9 分区战士	失踪
霍三喜	西马庄	1940	1942	定县	18 团战士	—
霍连池	西马庄	1940	1942	小官城	18 团战士	—
霍中锡	西马庄	1941	1942	容城县	18 团战士	—
王怀山	陈吴庄	1938	1940	东北	24 团班长	—
吴振华	陈吴庄	1938	—	—	18 团战士	失踪
吴国范	陈吴庄	1939	1940.6	蒋庄	2 区副书记	—
王登茂	陈吴庄	1939	—	—	警卫营战士	失踪
王立成	陈吴庄	1939	1941.12	冀中 7 分区 22 团	22 团 9 连班长	—
吴振江	陈吴庄	1940	1941.9	营头	18 团战士	—
吴金生	陈吴庄	1940	1942	河南省	24 团班长	—
王木三	陈吴庄	1940	—	—	独立营战士	失踪

续表 6

姓名	籍贯	参加革命时间	牺牲时间	牺牲地点	牺牲时所在单位及职务	备注
吴德仲	陈吴庄	1940	—	—	120 师战士	失踪
吴小全	陈吴庄	1946.12	1947.10	望都县	19 团战士	—
吴宗汉	陈吴庄	1946.12	1947.10	望都县	16 团战士	—
王运奎	陈吴庄	—	1941	李庄	村农会主任	—
郘吉斌	羊庄	1938	1945	山西省	野战军连长	—
王风怀	羊庄	1938	1941	博野县	26 团班长	—
杨炳才	羊庄	1939	1942	山西省	120 师班长	—
张振英	羊庄	1940	1947.7	白团	4 区民政助理员	—
郘建合	羊庄	1940	1941.1	满城县	64 团侦察员	—
郘纪芬	羊庄	1941.2	1944	容城县	18 团通信员	—
郘振三	羊庄	1942	1948	唐庄	县大队排长	—
郘大合	羊庄	1943	1948.9	定兴县	48 团战士	—
霍金中	羊庄	1944.6	1945.5	大望亭	之光县大队战士	—
常志英	羊庄	1946	1947.2	小营	安新县联络部干部	—
杜纪俊	羊庄	1948	1953	朝鲜	志愿军战士	—
杜义尔	羊庄	—	1939.9	高台	村民工	—

大事纪略

抗日战争时期，冉庄人民不断改进和完善地道，在没有山、没有水、没有自然屏障的大平原上，利用地道，坚持对敌斗争，为抗日战争做出突出贡献，冉庄镇冉庄村被清苑县人民武装委员会授予“地道战模范村”称号。中华人民共和国成立后，冉庄人民注重对地道战遗址保护，2007 年，冉庄村被建设部、国家文物局公布为中国历史文化名村。2017 年开始推进的冉庄文旅特色小镇建设，已形成清苑全域旅游发展新格局。

1937年冉庄村成立护村民团

1937年9月下旬，清苑县被日军占领，形势急剧恶化，散兵游勇、土匪恶霸沆瀣一气，烧杀抢掠，横行乡里。为保护生命财产，各村纷纷组建护村民团。1937年11月，冉庄村长高振远发起成立冉庄护村民团组织。李九皋为团长，李恒荣为副团长。护村民团为维护本地的治安起到很大作用，为以后民兵武装的建立奠定了基础。

1938年联庄会加入人民自卫军

1938年初，人民自卫军第2团路过清苑县北大冉村、东顾庄村时，被当地民间武装袭击。人民自卫军司令员吕正操得知消息后决定将这批民间武装争取到人民抗战的阵营中来，避免被日军所用。这些民间武装尤以西片冉庄联庄会实力最为雄厚，吕正操派专人和冉庄联庄会首领李九皋取得联系，并与联庄会的代表们相互交流意见后，联庄会接受改编。

1938 年冉庄村成立村党支部及“五大会”

1938 年，中共清苑县委、清苑县抗日民主政权、清苑县抗日救国总动员会相继成立。经四区区长冯玉松介绍，冉庄村张森林加入中国共产党。随后冉庄村高振远、李福生、任殿峰几个青年加入中国共产党，冉庄村于 1938 年麦收时节成立了党小组，同年冬季正式成立冉庄村党支部，同时成立了冉庄抗日武装委员会、冉庄农民抗日救国会、冉庄工人抗日救国会、冉庄青年抗日救国会、冉庄妇女抗日救国会，简称“五大会”。冉庄村党支部成立后，领导全村广大人民群众抵制奴化教育、进行锄奸反特，开展了一系列抗日救国运动，给予敌对分子巨大威慑。

1939 年冉庄“六一五”惨案

1939 年农历六月十五日，张登据点的日伪军和汉奸 400 多人包围冉庄村，日伪军把村民驱赶到南大桥三官庙前的空地上，对村民威逼利诱不成用机枪向人群扫射，造成 13 人当场死亡，多人受伤。由于汉奸出卖，冉庄村农会干部张增奎、李九德、李福生、张三喜、李大麻子、李保真、李振和、高老花、张增贵当场被抓捕，中共党组织马上设法营救出李保真、高老花、张增贵。李振和在夜间跳水逃回。李九德（时任清苑县第二区区长，33 岁）、李福生（时任冉庄第一支部委员兼武委会主任）、李大麻子（地下党联络员，姓名不详）、张增奎（时任农会主任，23 岁）、张三喜（时任农会委员，29 岁）5 人惨遭敌人杀害。

1945 年冉庄村被授予“地道战模范村”称号

1945 年 5 月 17 日，冉庄民兵 30 余人抗击日伪两个团的兵力，民兵英勇作战，击退敌人一次又一次进攻。战斗从清晨打到黄昏，持续 13 个多小时，最终取得胜利。县武委会奖给冉庄村“地道战模范村”锦旗一面，上面绣有“英勇杀敌，战斗模范”八个大字。

1947 年冉庄村土地改革

1947 年 10 月中旬，冉庄村召开土地改革动员大会。大会宣传了土地改革的意义，明确了土地改革的时间安排以及土地改革的具体办法。1949 年初，“贫农团”组织人力划分地块、发放土地，冉庄村土地改革圆满结束。

2007 年冉庄村入选中国历史文化名村

冉庄村保留有二十世纪三四十年代的传统民居，冉庄地道战遗址是冀中平原军民抗日战争中留下来的一处重要战争遗址，具有很高的历史文化保护价值。2007 年，冉庄村被建设部、国家文物局公布为中国历史文化名村。

2010 年冉庄地道战纪念馆新馆正式开放

1959 年，冉庄地道战纪念馆建在冉庄村内。依照国家有关规定，纪念馆必须迁出保护区。2004 年 3 月，清苑县制定《冉庄地道战遗址文物保护规划》并上报河北省发展和改革委员会。2005 年 2 月 28 日，河北省发展和改革委员会批复新馆建设项目建议书，正式立项。

新馆位于冉庄村南九龙桥西南侧，占地面积 16000 平方米。新建主馆建筑面积约 3460 平方米，其中展厅面积约 1800 平方米，办公和附属设施用房约 980 平方米，有广场、道路、旅游厕所、停车场、围墙、饮水井等建筑，以及供水、排水、供电、消防等设施。新馆 2008 年 10 月 15 日开始建设，2010 年 7 月主体工程竣工，2010 年 9 月 3 日正式开放。

2015 年冉庄老民兵代表出席纪念中国人民抗日战争暨世界反法西斯战争胜利 70 周年阅兵盛典

2015 年 9 月 3 日，冉庄老民兵李恒彪、王德全、王文英、王榜儿作为革命老区老民兵、老党员代表参加在北京举行的纪念中国人民抗日战争暨世界反法西斯战争胜利 70 周年阅兵盛典。

2017 年谋划启动文化旅游特色小镇建设

自 2017 年初，中共清苑区委、清苑区人民政府开始谋划冉庄文旅特色小镇建设，致力打造一个“不变色、不变味、不变调；有情调、有特色、有味道”的冉庄文旅特色小镇。文旅特色小镇项目规划总占地面积 333 万平方米，核心建设区约 133 万平方米，总建筑面积 29.5 万平方米，计划总投资约 22 亿元，设置游客旅游商业服务、红色文旅、军事主题体验、红色田园度假等板块。文化旅游特色小镇的建设，包括对原有冉庄景区的改建修缮和配套公共服务设施的建设。

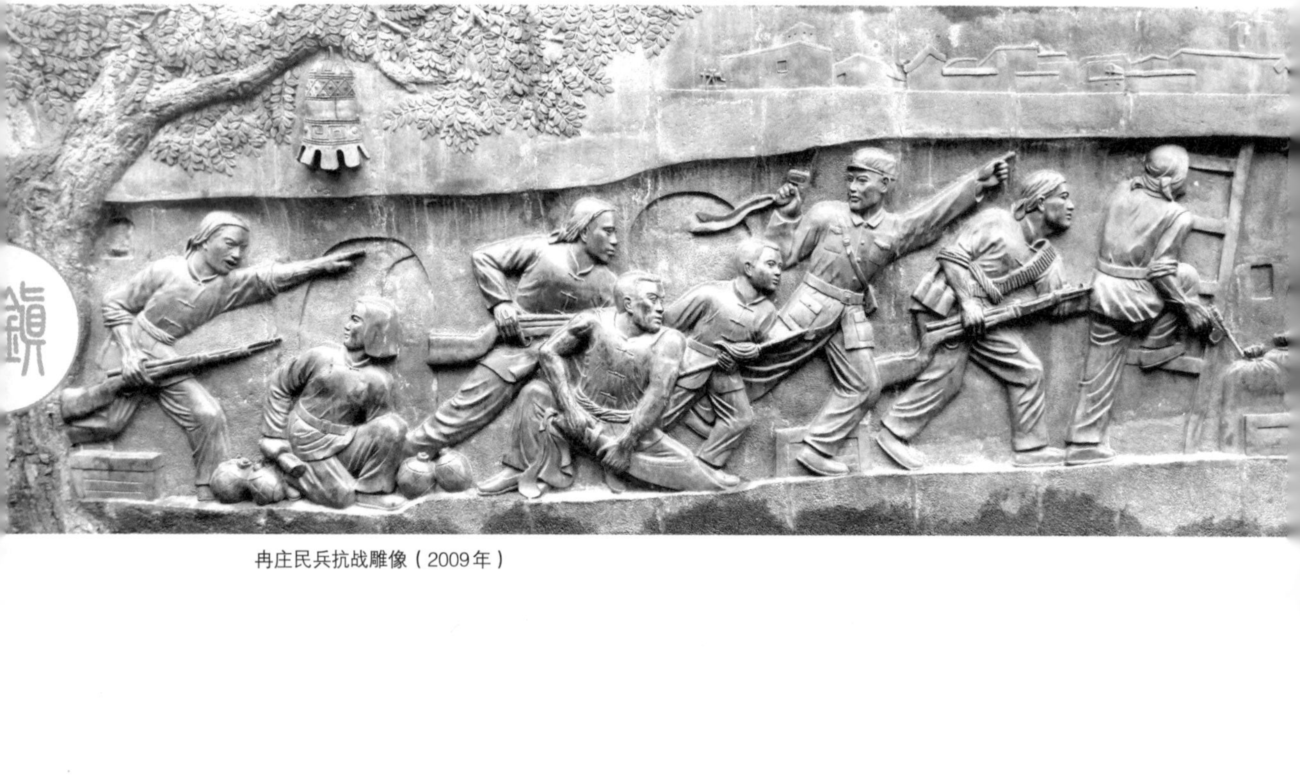

冉庄民兵抗战雕像（2009年）

附录

冉庄地道战纪念馆讲解词

欢迎词

游客朋友，你们好！欢迎您莅临冉庄地道战遗址。首先我代表冉庄地道战遗址的全体工作人员欢迎你们的到来，很荣幸能带领大家参观冉庄地道战纪念馆和地道战遗址，相信这一站将成为您此次旅行中最有意义的一站。您现在所在位置是清苑区冉庄，清苑区历史悠久，北魏太和元年置县，距今已有1500多年的历史。明代礼部尚书傅珪、清代“北方才子”郭棻、“于振善尺算法”发明家于振善、当代作家李英儒、著名摄影艺术家孟庆彪等一批名人均出自清苑。区内文物古迹甚多，有仰韶文化遗址、宋三陵、彭越墓等，最有名的还是我们冉庄地道战遗址。清苑区农业和工业发展也很迅速，是华北地区最大的有色金属集散地、全国最大的手拉葫芦生产基地和钻井机械生产基地，同时被轻工业部授予“中国香城”称号，是京、津、保等大中城市的绿色食品供应基地，“兴苑”西瓜、“七品红”草莓、“东闾”黄金梨等品牌已打开全国市场，先后荣获全国粮食生产先进县、全国首批农业机械化示范区、全国平安农机示范县和“河北西瓜之乡”等称号。接下来您将参观闻名中外的冉庄地道战遗址和纪念馆，在短短的2个小时内，领略地道战这一特殊战术的发展历程和冀中人民艰苦抗日、巧妙利用地道战保家卫国的伟大创举。

序言

首先我们从纪念馆开始参观。冉庄地道战纪念馆成立于1959年，是一处以革命遗址为主的纪念馆。纪念馆新馆于2010年9月3日建成并正式对外开放，馆内珍藏着500多件地道战革命文物，以现代化展览手段分四个部分展示。

迎面的大型群雕体现人民是不可战胜的力量。背景左侧以巨幅绘画形式表现民兵利用地道作掩护与侵略者周旋；中间巨幅照片是冉庄地道战遗址，代表用地道保卫家园；

右侧以巨幅绘画形式表现全民参与挖地道。总体以现代化的展示方法，体现冀中人民以血肉之躯筑起铜墙铁壁般的地下长城。

古槐树上的大铁钟是时代的印鉴，同时也警钟长鸣，提示大家牢记历史，开创未来，激励广大人民为实现中华民族的伟大复兴、为建设中国特色社会主义而努力奋斗。十四响的钟声，代表着中华儿女十四年艰苦卓绝的抗日战争。伴随着沉重、悠远的钟声，我们一起进入第一部分。

前言

1931 年“九一八”事变爆发，日本帝国主义侵占我国东北三省。1937 年“七七事变”爆发，日本侵略者大规模增兵，华北大地满目疮痍。面对武装到牙齿的侵略者，冀中军民心连心，共同抗日，在无险可守的冀中平原上开创了地道战这一特殊、有效的作战方式。有效地打击了敌人，有力地保存了自己。

第一部分　冀中人民奋起抗争

1931 年，日军发动“九一八”事变，短短 4 个月，占领了中国东北三省。1937 年，卢沟桥事变后，日军铁蹄践踏华北大地，冀中地区迅速沦陷。在中华民族生死存亡的危急关头，中国共产党领导的八路军开赴敌后，挺进冀中，开展了轰轰烈烈的抗日斗争。

第一单元　冀中沦陷

1931 年 9 月 18 日，日本关东军炮轰沈阳，发动了侵华战争。这是日军炮火袭击东北军驻地北大营的照片。

1937 年 7 月 7 日晚，驻北平西南的日军，借口在演习中一名士兵失踪，无理要求搜查宛平县城，遭到北平当局严词拒绝后，日军就向宛平县城和卢沟桥开枪开炮。驻守宛平城的国民党第 29 军不顾国民政府不抵抗的命令，奋起反击。

日军为侵吞我大好河山，消灭我抗日力量，多次大举增兵华北。

这是日军全面进攻华北示意图。在华北战场，日军以平、津为进攻出发地，以平汉路为突击方向，一部沿津浦路，一部（关东军察哈尔派遣兵团）沿平绥路，采取两翼迂回的战术，同时展开进攻。

1937 年 9 月，日军攻陷平津后，沿津浦路南下。

1937 年 9 月 24 日，沧州和保定均被日军攻陷。

1937 年 10 月 10 日，日军占领华北重镇石家庄。至此，冀中大部相继沦陷，冀中人民处于水深火热之中。

第二单元　国民蒙难

为巩固其战略后方，消灭抗日武装，日军有计划地建碉堡、挖封锁沟、修公路，对冀中平原进行“细碎分割”。这是日军为修筑碉堡拆毁的民房。

抗日战争时期，清苑的形势非常严峻。图中是敌人据点和炮楼的分布图，仅冉庄周围 9 公里内，就筑有炮楼 15 座。

日军在进行军事进攻的同时，还疯狂进行经济掠夺，甚至实行残暴的“杀光、烧光、抢光”的三光政策，制造了一个又一个骇人听闻的惨案。

这是被日军杀害的和平居民。

对冉庄人民来说，最难忘的日子是 1939 年农历六月十五日。这天凌晨，敌军包围了冉庄村，他们手中的刀枪寒光闪闪，把村民赶到南大桥三官庙前集中训话，妄图抓捕抗日干部，摧毁抗日政权。集合的群众稍一怠慢，就遭到日军的刀砍枪杀。这一天，日本兵杀害冉庄村民 13 人，打伤致残 11 人，抓走 11 人，烧毁民房 700 多间，烧死大牲畜 17 头，烧毁生产生活用具不计其数，抢走财物上百车。烟雾遮天蔽日，火光冲天，世世代代繁衍生活在冉庄这块家乡热土上的无辜百姓，惨遭大难，苍天垂泪，大地含悲。这就是难忘的“六一五”惨案。

1937 年的 10 月 8 日，日军占领正定县城，在城内及邻近 13 个村庄进行了灭绝人性的大屠杀，致使 1499 名无辜百姓罹难。

1942 年 5 月 21 日，日军在河北省定县北疃村对躲藏在地道内的无辜百姓使用化学武器，导致800余人遇难，制造了骇人听闻的北疃惨案。1942 年 6 月 26 日，《晋察冀日报》对惨案进行了报道，向全国、全世界控诉日军的滔天罪行。

日军在冀中实施暴行无数，手段残忍至极。这是被日军用毒气弹杀害的中国幼童。这是日军残害中国人使用的部分刑具，有老虎凳、烙铁、镣铐和皮鞭等。

日军犯下的罪行罄竹难书，在全国制造的惨案数不胜数，细菌战、“万人坑”、“无人区”，无所不用其极，仅在河北制造的惨案就达 300 多次，其中在清苑制造惨案 13 起，杀害革命志士和平民百姓 300 余人。此外，还有其他村庄 350 余名无辜群众遭日军残杀。

这是日军轰炸冉庄时的炮弹。

日军的野蛮行径，激起了冉庄人民的深仇大恨，他们紧密团结在中国共产党周围，决心抗战到底！

第三单元　力挽狂澜

在中华民族生死存亡的危急关头，中国共产党力挽狂澜，领导人民奋起抗敌。

卢沟桥事变爆发后的第二天，中共中央火速发表通电，大声疾呼："平津危机！华北危机！中华民族危机！"号召"全中国同胞，政府，与军队团结起来，筑成民族统一战线的坚固长城，抵抗日寇的侵掠！"

1937年8月，中共中央在陕北洛川召开政治局扩大会议，制定了全面抗战路线，即动员一切力量，争取抗战胜利的人民战争路线。会后，八路军、新四军挺进敌后，广泛开展独立自主的游击战争，建立抗日根据地，把敌人的后方变成抗日前线。

这是洛川会议中通过的《中国共产党抗日救国十大纲领》。

共产党派干部到农村宣传"抗日救国十大纲领"，发动群众，组织人民进行敌后抗日斗争。

在共产党的领导下，冉庄村在1938年成立党支部，相继建立起抗日民主政权，组织抗日武装。

在中国共产党的积极倡议和多方努力下，1937年9月22日，国民党中央通讯社发表《中国共产党为公布国共合作宣言》，第二天，蒋介石发表庐山谈话。在民族危机千钧一发的时刻，民族统一战线正式形成。

共产党的正确领导、人民群众的积极拥护和国共再次合作，不仅壮大了中国抗日革命队伍，也激励了人民军队的战斗热情。

1937年8月，中国工农红军改编为国民革命军第八路军。8月至9月，朱德、任弼时、邓小平等先后率八路军东渡黄河，挺进抗日前线。

为挽救华北战局危机，1937年8月22日，八路军第115师从陕西三原地区出发，东渡黄河，向华北敌后挺进。

1937年底，中共中央派红军团长孟庆山到冀中组织抗日武装。孟庆山在冀中平原上建立起了一支统辖3个独立师、5个独立团和支队，另有12路军的号称10万大军的河北游击军，时任司令员。这支武装游击兵团在共产党的领导下，同敌人开展了艰苦卓绝的斗争，并取得了大庄、三台等多次战斗的胜利。

1937年10月14日，吕正操遵照北方局和军委的指示，率东北军691团在晋县小樵镇誓师，成立了人民自卫军。

1938年1月，晋察冀边区军政民代表大会在阜平召开，成立晋察冀边区临时行政委员会，建立了第一个敌后抗日民主政权。这是会议代表的合影。

1938 年 5 月，人民自卫军与河北游击军合编为八路军第三纵队，吕正操任司令员和冀中行政公署主任，领导军民开展平原游击战争。这是八路军第三纵队活动在大清河沿岸。

这是 1938 年 4 月到 10 月，八路军挺进平原作战要图。

1938 年 12 月，贺龙、关向应率八路军第 120 师主力挺进冀中。

1939 年 4 月，120 师在冀中军区的配合下，于沧州河间齐会地区大胜日军。这次战斗，共歼敌 700 余人、俘 7 人，并缴获日军一批武器，取得重大的胜利，成为平原歼灭战的范例。在战斗中，敌人施放毒气，贺龙师长中毒，但仍坚持指挥，为部队做出了表率。

八路军埋伏在青纱帐里，伺机杀敌。

1938 年冀中区主要领导人及职务。1938 年 4 月，冀中省委改为冀中区党委，黄敬任冀中区党委书记，鲁贲任副书记。接着，冀中政治主任公署成立，吕正操任主任，李耕涛任副主任。1938 年 5 月 3 日，冀中军区成立，人民自卫军与河北游击军合编为八路军第三纵队。吕正操任冀中军区兼八路军第三纵队司令员，孟庆山任副司令员。

第二部分　冀中地道　大显神威

在无险可守的冀中平原上，冀中人民为了有力地保存自己，有效地杀伤敌人，群策群力，构建地下长城。地道的形成弥补了平原作战的缺陷，以其独特的战斗形式，给侵略者以沉重打击。

第一单元　创建地道

日本侵略者为确保战略后方，于 1942 年集中兵力，在无险可守的冀中大平原上，采用“铁壁合围”“纵横梳篦”的清剿战术，进行灭绝人寰的“大扫荡”，实行“烧光、杀光、抢光”的三光政策。并有计划地建据点、修公路、挖封锁沟，仅在六万平方公里的冀中平原上就修据点炮楼 1783 处，修公路 2 万多公里，挖封锁沟 8878 公里，把冀中平原细碎分割成 2670 块。

在极其严峻艰苦的形势下，1938 年 5 月，毛泽东在陕北窑洞写下了光辉著作《论持久战》，有力指导了全国人民的抗日斗争。

程子华，1926 年 6 月加入中国共产党。1939 年 10 月任冀中军区政治委员，在领导冀中抗战的实践中，总结探索了地道战这种平原抗战的重要作战形式，撰写了《冀中平原上的民兵斗争》一书。

地道斗争最初是在距离敌人据点较近、受敌人骚扰最厉害的村庄产生的。当时为躲避敌人的不断骚扰，少受损失，敌人一来，群众就连人带物转移到村外的“青纱帐”。秋后“青纱帐”一倒无处藏身，群众就开始在偏僻、低洼的野外和村里挖隐蔽洞。最初的地洞为单口洞（俗称蛤蟆蹲），因不便于转移，一旦被敌人发现难免遭受损失。群众吸取一次次教训，把单口洞逐步改成双口洞、多口洞，后又逐步加宽加长，从隐蔽地洞发展成为地道。

冀中人民挖沟掘道改造地形，便于隐蔽自己和打击敌人。

保家卫国，人人有责。妇女也参加到挖地道的运动中。

设置在房屋内的地道口。

这是石家庄正定县高平村地道。

北京顺义焦庄户的地道。

这就是当时挖地道曾使用的油灯、马灯、油罐、镐、铁锹；自制的土火把是用来在地道中照明用的；牛角号、军号则是用于传递信号。

地道由干、支线相配合，并设置陷阱、卡口、翻口等工事来防御和打击敌人。所有的射击孔、岗楼、堡垒等均做好伪装，如利用庙宇、高台、暗室等。选择易运动易观望的地方，以达到发挥火力、隐蔽身体的目的。工事与工事构成火力交叉，明暗结合（以暗工事掩护明工事），互相支援，有效打击敌人。

在总结地道斗争经验的基础上，冀中区党委下发了《关于加强目前地道斗争的指示》等一系列文件，对地道战这一作战形式给予了肯定，有力地推动了地道的发展和完善，使地道战得到大规模应用。

杨成武1944年9月任冀中军区司令员，1945年5月创作了《冀中平原上的地道斗争》一书，进一步对地道战加以肯定和推广。

他指出地道既适合于隐蔽，又适合于进攻，这才是完善的战斗地道。这样的地道，同敌人斗争才能起到更大的作用，发挥更大的威力，也只有这种地道才能成为敌人无法制服的村落要塞。

电影《地道战》是一部家喻户晓的红色经典影片。这就是在电影《地道战》中剪辑的部分场景。

第二单元　痛击敌人

地道的形成充分弥补了平原作战的缺陷，冀中人民利用地道机智、勇敢地同敌人展开斗争，地上地下一起打，进退自如，给敌人以有力的打击。

年画后面的地道口。（如果您不仔细观察的话，是不会发现地道入口的）

隐蔽在地道口的民兵出其不意地打击敌人。

民兵在村边隐藏的地道口站岗放哨。

八路军在地道战中从地下转到房上向日军攻击。

民兵在地道中转移。

民兵在地道口抗击进村的敌人。

地道内设置地雷导火线。

八路军和民兵沉着冷静地迎击敌人。

著名画家罗工柳于1951年创作的油画《地道战》。

第三单元　地下长城

当时整个冀中平原挖地道多达25000华里（12500公里），可以称得上是名副其实的“地下长城”。冀中人民利用地道在有力地打击了敌人的同时也成功地保存了自己。

在地道内成立临时医院，医护人员在地道里为伤员换药。

“冀中子弟兵的母亲”李杏阁在地道内给伤员送饭。

地道内的地下兵工厂在组装手枪。

印刷工人在安国卓头村地道内坚持印刷。

这幅照片是石少华大师拍摄的经典名作——《地道战中的杜伦上尉》。

第三部分　冉庄地道　名扬天下

冉庄地道战是冀中平原地道斗争的光辉典范和缩影。冉庄人民在共产党的领导下，奋起抗日，在无险可守的大平原上，修筑了村通村、户通户，全长32华里（16公里）的地下长城，沉重打击了日本侵略者。

第一单元　户户相连

1938年，党派干部来到冉庄，深入群众宣传抗日，先后吸收了张森林等7名同志加入中国共产党，同年麦收时节建立起党小组，冬天建立起党支部，张森林同志任第一任党支部书记，并组织起农、工、青、妇抗日救国会及人民武装委员会。这就是冉庄党支部办公的地方——冉庄抗日村公所。

这就是冉庄农民抗日救国会使用过的长凳和方木桌，这张木桌原是农会第一任副主任张三喜家吃饭用的炕桌。由于张三喜家位置偏僻（十字街以西，路南小胡同），所以农会经常在他家开会、办公。为了防止汉奸告密和敌人搜捕，这张木桌的四条腿上全部掏了洞，遇有紧急情况时可把文件藏于洞内。

敌人火烧冉庄、残杀我骨肉同胞的野蛮行径，激起冉庄人民的深仇大恨。冉庄人民宁死不屈，紧密团结在中国共产党的周围，同敌人进行坚决的斗争。夏秋季节，利用“青纱帐”藏身，秋后“青纱帐”一倒，人们在自己院里、村外地里挖了许多隐蔽洞，用来藏人藏物。1938年，张森林率先在自己家中挖了隐蔽洞，是冉庄地道战的创始人之一。

县武委会也搬到冉庄，亲临指挥，组织全村男女老少齐动员，在原有的单口洞、双口洞和原有地道的基础上，群策群力，构筑地下长城。

巾帼不让须眉，这是妇救会主任李桂芬在动员冉庄青年妇女挖地道。

这是冉庄人民挖地道使用过的各种工具。

冉庄地道根据战斗需要，边战边挖，勤劳智慧的冉庄人民设计了各种各样构思精巧的地道口和作战工事，最终形成了全长32华里（16公里）的地道网。地道网由东西南北4条干线组成，并筑有东西支线11条、南北支线13条。另有两条连村地道，一条通村东北3里（1.5公里）的姜庄，一条通村西5里（2.5公里）的东孙庄；加有2条突围线，一条通清水河岸，一条通村东南的隋家坟。地道分军用、民用地道两种，民用地道藏物藏身，有若干水井相连，排水、取水、通风；军用地道则用于调兵遣将。地道里设有指路牌、照明灯、休息室、储粮室、地下兵工厂、囚笼、陷阱等。多种巧妙的地下设施使地道具有三通、三堵、三交叉、四好和五防等多种功能（三通：高房、地道、院落相通；三堵：堵街口、堵门口、堵窗口；三交叉：明枪眼和暗枪眼、高房和地堡、地堡和墙壁火力交叉；四好：好打、好钻、好藏、好跑；五防：防水、防火、防烟、防钻、防破坏）。敌人从哪里来，我们就把它消灭在哪里，整个冉庄成为一座坚不可摧的战斗堡垒。

同时，县武委会、县大队也顽强坚持着游击战，不断打击敌人。这是敌工部人员邢凤鸣带着枪支等战利品归来时受到县大队的热烈欢迎。

邢凤鸣和县大队领导的合影，左起第一位是范英，第二位是政委马志谦，第三位是邢凤鸣，右侧的是指导员费国柱。

下面请看第二单元，威震敌胆。

第二单元　威震敌胆

冉庄村内各种作战工事都与地道相通，互相呼应，形成一个纵深立体火力交叉网，封锁敌人的必经之路。冉庄抗日军民利用设在屋内的墙根壁地道口、地面、马槽、风箱底、面柜、炕面、锅台等处地道口与敌周旋；利用高房工事、地堡、庙宇、碾子、柜台、烧饼炉等工事及多处暗枪眼，巧妙制敌。

这是冉庄军民在地道使用的油灯、蜡台、广播筒、土电话，他们就是用这些原始工具，在地道内和装备精良的敌人巧妙周旋、顽强抗争。

抗日战争时期的冉庄女民兵，精神抖擞，英姿飒爽。

在党的号召下，冉庄群众积极参军参战，踊跃支前。冉庄妇救会的妇女们，种棉花，纺线，织布，缝制军衣，做军鞋、慰问袋。冒着生命危险，身背公粮袋穿越平汉铁路敌人的封锁线，把军粮送到太行山区的人民子弟兵手中，她们丢下吃奶的孩子，丢开年迈的父母，长途跋涉，脚上血泡流的血，身上流淌的汗水，浸润了华北山川。

广大儿童也不甘示弱，组织起了儿童团，这是他们站岗放哨时使用的红缨枪头。

在抗战环境极其残酷的情况下，党组织仍坚持对下一代的爱国主义教育工作，这是冉庄小学生使用的书包、课本。

冉庄群众和抗日军民骨肉情深，在党支部的领导下，他们用简易担架抢救伤员，用山药井掩藏伤员，织土布做军装支援前线。

这是冉庄党支部使用的桌椅、油灯、笔砚等物品。

冉庄惨案发生后，冀中军区司令员吕正操闻讯策马飞奔冉庄，目睹惨状，不禁掉下了眼泪。随后，他带来大批救济粮款，慰问冉庄群众，号召冉庄群众重建家园，抗战到底。

在群众大会上，一位小伙子见司令员说得口干舌燥，急忙给端来一碗水，眼含着热泪说："吕司令员喝我们冉庄一口水吧！"吕司令员环视了一周，目光坚毅，低头接过水碗一饮而尽。冉庄人民把当年吕正操饮过水的碗一直珍藏至今，亲切地为这只碗起名叫"司令碗"。

随着冀中斗争环境日益残酷，县大队的战士时刻处于战斗状态。

得到敌人进犯冉庄的情报，民兵们立即做好战斗准备。

冉庄人民开展地道战和游击战，英勇抗击日本侵略者，不断打击和骚扰敌人，日伪军也多次进攻冉庄，妄图扑灭冉庄的抗日烽火。就像电影《地道战》中演的一样，敌人凭借优势火力进入冉庄村后，到处搜寻地道口，一旦找到就会往地道里灌水，或放烟、放毒气。各种手段都无所不用其极，侵略者的残忍和狼子野心暴露无遗。这个三维成像就展示了敌人往地道内灌水和放毒气的情景。冉庄人民用集体的智慧和力量，想出了很多巧妙的方法来阻止敌人进犯。地道内设计了双层地道，下面一层与水井连通，敌人灌进来的水可通过下层地道流回水井。冉庄地道曾与村内13眼水井相通，不管敌人从哪口井抽水灌地道，我们都能让“宝贵的水流回原处”。地道里的防御设施“翻眼”，则是用来防烟、防毒气的，我们在电影《地道战》里也可以看到这种设施。敌人残酷的手段均被冉庄军民巧妙地化解，敌人的伎俩用完了，该轮到我们上阵了……冉庄民兵利用各种作战工事和隐蔽的地道口与敌周旋，犹如神兵天降，打得敌人晕头转向，乱作一团，最终被我民兵一一消灭。

县武委会在冉庄长期驻地办公，组织抗日力量，指引战斗方向，对冉庄地道战的开展起了重要作用。这是当时任县武委会主任的陈树仁在对民兵做战前动员。

这是民兵在敌人必经之路埋地雷。

冉庄民兵在拉响子母雷。

在长期对敌斗争中，冉庄抗日军民不断积累作战经验，各种战略战术机动、灵活的结合运用，有力打击了日本侵略者。比如地雷战和地道战相结合、地道战和麻雀战相结合等，敌人经常被打得如惊弓之鸟、草木皆兵。

在战斗过程中，智慧的冉庄人也是虚虚实实，这个土炮桶其实就是一只普通的铁皮桶，里面放上鞭炮点燃，和机枪声音十分相似。在激烈的战场上，敌人难辨真伪，对敌人造成很强的震慑力。还有我民兵用过的匕首。而下面这些是缴获日军的军刀、刺刀、指挥刀等战利品，敌我双方在武器配备上就形成了巨大的反差。

虽然力量悬殊，但无畏的抗日军民意志坚定、斗志昂扬。这是民兵在利用战斗间隙抢修高房工事。

这是冉庄民兵使用过的枪支、子弹袋，还有自制地雷。我抗日军民就是用这些远远落后于敌人的武器，抗击装备精良的日本军队，并取得了一次又一次的胜利。

这些就是在历次战斗中缴获敌人的部分战利品，有枪支、毛毯等。

县大队的战士们也不断骚扰敌人，给敌人以沉重打击，日军被打得焦头烂额、应接不暇。

1943年春，之光县大队夺取了孙村据点，这是县大队的战士们在清点战利品。随后又拿下了孙村炮楼，这是县大队趁深夜打通孙村炮楼围墙。

1943年7月，清苑县大队攻克了田各庄据点。

这是之光县大队在攻克南辛店后转移到宋村，受到了当地群众的热烈欢迎。

1943年之光县大队在林堡伏击日军。取得林堡伏击战胜利后，县大队的英雄健儿在打扫战场。

清苑县大队于1943年在毕庄附近伏击了伪军车队，并活捉了伪督察长。这是清苑县大队领导在战前研究作战计划。

1944年之光县大队第二次攻克田各庄据点，这是抗日健儿们携带战利品胜利归来。

敌人接连遭到沉重打击，溃不成军，这是缴获敌人的枪支、钢盔和弹药箱。

然而穷途末路的侵略者，并不甘心在冉庄的失败，1945年春夏交接时，驻保定的日军协同一个团伪军的兵力，包围了冉庄。第一轮进攻失败后，紧接着又以两个团的兵力，分3路向冉庄袭来。敌伪团长指挥敌人从东村口摸进村来，等到距双庙工事十几米远时，民兵班长李明贵只一枪便结果了他的性命。敌阵顿时大乱，以彻底失败而告终。从此，敌人留下了一句口头禅："宁绕黑风口，不从冉庄走。"

战斗结束后，县武委会指导员乔军同志召开了全村各民兵干部和魏庄高小全体师生大会，总结地道战经验，奖给冉庄锦旗一面、步枪和手枪数支、地雷1000个、子弹300发。号召冉庄民兵戒骄戒躁，再接再厉，号召全区民兵发挥机智勇敢的战斗精神，准备迎接大反攻的最后胜利。

在县武委会和冉庄武委会的领导下，冉庄民兵还多次配合地方武装作战。

冉庄抗日武装委员会设在村内的关帝庙中，庙内神台上供奉关羽塑像，神台一侧有地道口。县武委会驻一村民家中，小院南屋内设有马槽地道口，县武委会主任陈树仁就在这里指挥作战。

这是陈树仁使用过的图囊、望远镜、皮子弹袋。

1945年8月，清苑县大队迫使张登据点伪军投降后，进入据点搬运战利品。

老八路李子克使用过的军用被单、老八路刘福才使用过的军用望远镜，这是七九步枪的子弹壳（口径7.9毫米）。

冉庄地道战开展得轰轰烈烈，取得了辉煌战绩，其中在抗日战争时期规模较大的战斗就有三次，都是以少胜多、以弱胜强的典型战例。

《晋察冀日报》对地道战的有关报道。

时任清苑抗战大队党总支书记的刘政。这是刘政用过的军被。

这是之光县游击队指导员费国柱。费国柱使用过的德国盒子枪。

清苑县抗战大队长李仲玉（中）与战友的合影。

这是清苑县抗战大队政委马志谦夫妇。

第三单元　地下兵工厂

为解决弹药不足的问题，在党支部的领导下，1939 年冬在梁连恒家设立土兵工厂，由梁连恒负责，共有 7 名技术人员。土兵工厂有地上秘密工作室和地下工作间，还有连通地道的地下秘密弹药库，可以随时将弹药运送到各作战工事内，以应急需。

据不完全统计，1939—1948 年，冉庄兵工厂共制地雷 1200 颗、手榴弹 2500 多颗、翻火子弹 5000 余发、土炮弹 400 余发、扫帚炮 2 门、榆木炮 1 门、撅枪百余支及一些其他自制武器。

这是民兵们在地下兵工厂制造各种土武器的情形。

制造土武器使用的工具也都是民兵们自己制作的，这是土旋床、土钻床、抛光桶，现陈展在地下兵工厂里。

兵工厂共有七个工作间，这是组装车间和成品库房。冉庄民兵在地下兵工厂制造土武器使用的简单工具，钳子、铳子、剪刀、铁镇子（淬火缸）。

冲锋用的土坦克，就是用几层浸过水的棉被盖在木桌上，可以有效地防止子弹打穿。

这是土兵工厂制造的撅枪和榴弹枪。

地下土兵工厂制造的这门榆木大炮原是一个生长多年的榆树，聪明的冉庄民兵把树干从中间剖开掏空，镶上炮膛再把树干合起，用铁丝箍紧，就成了一门大炮，注意看还能发现后面留有点导火索的孔。打黑风口（张登）炮楼时就用过它，给敌人以极大的威慑力。

扫帚炮是打铁砂的，铁砂打出去散开一大片，形状像扫帚，威力很大，所以起名叫扫帚炮。另外还有各种土地雷、手雷（文物组合）、子弹、大刀、火枪、土炮等大量自制土武器。

这是冉庄土兵工厂自制武器的一个统计表，这些简陋的自制武器在地道战中发挥了巨大威力。

第四单元　热血铸忠魂

冉庄地道战的辉煌战绩，是冉庄人民进行艰苦卓绝的奋战取得的，是冉庄人民用鲜血和生命换来的。

抗日烈士张森林，1909 年出生于冉庄，1938 年张森林同志任清苑县冉庄抗日政权秘书，写下一首《从戎赋》：

东来魑魅践山河，神州烽烟血泪多。

且将毫墨抛书案，怒持剑戟战群倭。

1938 年，区委吸收张森林同志秘密加入中国共产党，成为冉庄第一名共产党员、第一任村党支部书记。1940 年，张森林同志调任区委书记，兼清苑县大队政委。当时张森林及干部们，白天藏在洞内看批示、写报告，分析情况，计划工作，夜晚出来进行抗日活动。张森林任职期间，组织领导农、青、妇、工会及人民武装，展开了顽强的抗日斗争。为了躲避敌人抓捕，防止汉奸告密，张森林一直藏身于冉庄村民李勇家水井下面的绝密地道里，后来冉庄人民称这眼水井为“李勇井”。

张森林为保卫家乡，为祖国的抗日救亡运动做了大量工作，做出了卓越贡献。

1943 年农历三月初五夜间，张森林与县委宣传部朱信等同志在耿庄南场一老乡家组织秘密会议，会后朱信连夜转移到李庄。由于汉奸告密，耿庄、义和庄、段庄 3 个炮楼的敌人把张森林和区委宣传委员黄岳及保定两名青年爱国学生包围。张森林紧急掩护保定学生安全脱险。经过长时间枪战，子弹几乎用尽，黄岳身负重伤，经请示区委书记张森林后，自饮枪弹牺牲。张森林突围近李庄时脚部受重伤，他把枪支拆毁扔掉，带伤奔走，血染荒郊。

被捕后，敌人把他押到耿庄炮楼，后连夜转押到段庄炮楼。日伪军对他软硬兼施，逼他投降。酷刑之下，限期让他写下降书，张森林大义凛然，宁死不屈，充分体现出中华儿女不可辱的民族气节。

张森林在段庄炮楼中队部受尽酷刑摧残，洒尽了一腔热血。1943 年农历三月初八，敌人先是把张森林活埋，张森林不断挣扎，又被残暴的敌人用铁镐猛击头颅，脑浆顿时散了一地……张森林没有看到侵略者被赶出中国那一天，抱憾而去，悲壮就义，年仅 34 岁。

张森林的遗体由高老白、高年、高志等村民连夜从段庄偷运回村，用清水洗净周身的血痕，从他的内衣袋中发现了诗稿《就义辞》：

鳞伤遍体做徒囚，山河未复志未酬。

敌酋逼书归降字，誓将碧血染春秋。

人去留得英魂在，唤起民众报国仇。

这是张森林烈士生前使用过的方桌、砚台、文件箱、浇水罐等。

冉庄烈士陵园里的张森林烈士墓。

这件血迹斑斑的上衣，是冉庄另一位烈士李连瑞牺牲时穿用的。

1921年，李连瑞出生在冉庄一个富裕农家。他1939年加入中国共产党，任冉庄青年抗日救国会主任，1940年调区委工作，任宣传委员。1940年夏收后，区农会在冉庄村一片树荫下召开了捐献抗日公粮动员大会。由于李连瑞家是冉庄富户，在他的带领下，这次动员大会，冉庄一个村就捐献小麦15万斤（7.5万公斤）。随后，冉庄一带的群众，肩挑人扛小车推大车拉，日夜兼程，冒着生命危险，穿越敌军封锁的京汉铁路，把抗日公粮送进了太行山。

1942年冬，李连瑞只身一人，带一支手枪，数十发子弹，趁午夜时分赶到距冉庄5公里外的东孙庄，宣传抗日，组织抗日力量，被汉奸察觉告密，王胡庄的日军，派出一支百匹马队的骑兵和一个营的伪治安军共500余人，火速将李连瑞隐身处团团包围。李连瑞坚持与敌人枪战多时，身中数枪，血染布衣。当李连瑞发现子弹用尽，想越墙突围时，被敌逮捕，又身中十几处日本刺刀伤。敌人强制李连瑞游街，直至血流将尽时，李连瑞依然是骂不绝口："中国人你们是杀不完的！誓死不当亡国奴！"

李连瑞的肠子被日本人用刺刀挑出肚皮外，壮烈牺牲，年仅21岁。丢下了年迈的父母，丢下了正当青春芳龄的爱妻和还在襁褓中的幼女。敌人把李连瑞的遗体丢在村东北角坑边曝尸3日，惨不忍睹。王胡庄的日伪军放监视哨多处，发现起尸的人不是逮捕就是枪杀。

敌人的警戒放松以后，冉庄的干部群众以泪洗面，把李连瑞的遗体起回冉庄。

这是现在冉庄烈士陵园里李连瑞烈士墓。

为了纪念先烈，冉庄人民为烈士们修建了冉庄烈士陵园，三十多名烈士一起共同守护着他们热爱的父老乡亲、永远守护着他们这片家乡热土。

冉庄人永远不会忘记他们，冉庄的英烈，每一个名字都是一缕不朽的英魂。

每当看到这一个个令人肃穆的名字，看到烈士们生前用过的物品，和他们共同长眠的烈士陵园，缅怀起他们为了抵御外侮、捍卫民族尊严而不惜献出年轻宝贵的生命，都不禁让人感叹他们的悲壮，并为我们中华民族不屈不挠、英勇无畏的民族精神而自豪，为我们身为中华儿女而骄傲。我们要珍惜今天的和平，紧密地团结在一起，互相关爱，建设、富强我们的国家，让中华民族屹立于世界民族之林，因为我们都是龙的传人。

下面请看最后一部分，乾坤重振，历史丰碑。

第四部分　乾坤重振　历史丰碑

随着抗日战争反攻阶段的到来，在中国共产党的领导下，冀中军民节节胜利，各地日军纷纷投降。

1944 年 9 月 30 日，冀中八路军攻克了肃宁县城。战斗中毙俘日伪军 1000 余人，缴获迫击炮 2 门、机枪 3 挺、掷弹筒 2 个、长短枪 700 支、子弹 8000 余发、手榴弹 1000 余枚、小麦 50 万公斤、杂粮 150 万公斤及其他军用物品。攻克肃宁城，解放肃宁全境，揭开了冀中平原反攻序幕。1944 年 10 月 10 日，延安《解放日报》和《晋察冀日报》报道：“冀中又奏大捷，肃宁县完全解放。”

1945 年 4 月 30 日，冀中部队包围任丘，在政治攻势和内线关系配合下，迫使伪军 500 余人投诚，一度收复任丘县城。

1945 年 5 月 9 日，在河间县武装和全体民兵的配合下，冀中军分区成功地攻克河间县城。

1945 年 5 月 29 日，冀中部队攻克安平县城。

1945 年 5 月下旬，冀中部队发起文新战役，30 日，攻克文安县城。

1945 年 6 月 8 日，冀中部队发起子牙河东战役，一举突破北起静海独流镇南至献县的日伪军防线，6 月 25 日收复献县，7 月 7 日收复大城县城，俘日伪军 2740 余人，收复村镇 272 个。

1945 年 7 月 26 日，中、美、英三国发表《波茨坦公告》，敦促日本必须立即无条件投降，否则将予以日本“最后之打击”。1945 年 8 月 15 日正午，日本裕仁天皇通过广播发表《终战诏书》，宣布无条件投降。9 月 2 日，日本外相重光葵在美国军舰密苏里号上正式签署投降书。9 月 9 日，侵华日军总司令冈村宁茨在南京向中华民国政府陆军总司令何应钦呈交投降书。抗日战争及第二次世界大战至此正式结束了。

抗日战争胜利了，终于可以过太平日子了，全国人民沉浸在胜利的喜悦中。

转眼即逝，四十年。许多爱好和平的日本友人到此参观，为日本军国主义犯下的滔天罪行忏悔、道歉。在 1987 年 8 月 6 日下午，一辆灰色轿车驶入纪念馆，在车上下来老少二人，那白发苍苍的老人紧锁眉头、面带愧疚地对前来接待的工作人员说：“我有罪，我是向中国人民请罪来了！（边说边流泪）我早就想到中国来，但就一直没有勇气，一想到过去，就觉得有愧于中国人民。我已经 79 岁了，以后的日子也不多了，这次是硬着头皮来的。1939 年我随部队来到中国，驻扎在黑风口，目睹了当年的惨状。

这都是日本帝国主义造的孽！我这次带孙子一起来是为让下一代了解中国，让日中两国人民世世代代友好下去。”这位老人叫浅尾公平，他的孙子叫浅尾和彦。老人带着孙子在展厅认真地听讲解员讲解，又下地道参观，参观结束后，老人由衷地说了句：“正义之师必胜！”

在浅尾公平归国后的第二年，1988 年 5 月 25 日，给我馆寄来一封信，信中说道：“有时与战时的战友一起谈论昔日的事情时，很多人说在冉庄常打败仗，在我的记忆中，也似乎觉得那是冉庄。”

此后数年，有很多参加过侵华战争的老兵到冉庄参观、忏悔。这也证明了世界人民渴望和平、渴望和谐相处的共同心愿。

结束语

游客朋友，我们纪念馆参观就要结束了。大家在参观的过程中对地道战这一特殊的战略战术有了较深的了解，并对地道的发展背景、发展过程及发挥的巨大作用都有了充分认识。

接下来我们就要进入今天参观活动的主体——钻地道。地道战遗址，1961 年，被国务院列为全国首批重点文物保护单位；1994 年，被河北省委、省政府命名为河北省爱国主义教育基地；1995 年，被共青团中央确定为全国青少年教育基地；1997 年，由中宣部命名为全国首批爱国主义教育示范基地；2003 年，被河北省政府、省军区列为河北省国防教育基地；2005 年，被列为全国百家红色旅游经典景区之一；2009 年，被国家国防教育办公室命名为国家国防教育示范基地。

主要参考文献

清苑县地方志编纂委员会编:《清苑县志》,新华出版社,1991 年。

王树林主编:《地下烽烟》,中国大百科全书出版社,1998 年。

李恒彪著:《烽烟岁月——关于冉庄的回忆》,京华出版社,2010 年。

清苑县地方志编纂委员会编:《清苑县志》,中央文献出版社,2013 年。

曹振甲、申亚丽著:《冉庄的传说》,大众文艺出版社,2015 年。

马锁红主编:《英雄冉庄》,河北美术出版社,2016 年。

编后记

2015年3月，中国地方志指导小组副秘书长冀祥德到冉庄地道战遗址参观考察，提议编纂《冉庄镇志》列入《中国名镇志丛书》。2016年1月，《中国名镇志丛书·冉庄镇志》编纂工作正式启动。清苑区委、区政府成立镇志编纂委员会，责成区档案局具体承办，区档案局立即着手各项准备工作。冉庄镇党委、政府积极配合，对所辖16个村镇志联络员组织培训，提供镇情、村情等资料，为志书编纂提供条件。

《中国名镇志丛书·冉庄镇志》编纂伊始，编纂人员认真学习《中国名镇志丛书凡例》《中国名镇志文化工程实施方案》，把握名镇志的编纂体例和质量要求。深刻认识到冉庄地道战是冀中军民抗击日本侵略军的典范，彰显了中国共产党领导下的冉庄人民不屈不挠的抗战精神。《中国名镇志丛书·冉庄镇志》的编纂，要抓住冉庄镇的“名”和“特”，把冉庄地道战鲜活感人的画面凸显出来，用地道战精神激励和鼓舞一代又一代。

2016年10月，初稿基本完成。先由冉庄镇、地管办及镇所辖16个村进行核实，修改补充后，2016年底报送保定市地方志办公室审阅，之后，编辑人员按照审稿意见，对志稿进行调整补充和梳理。2017年8月，河北省地方志办公室原主任杨洪进专程到清苑区档案局调研、督导镇志编纂工作，对《中国名镇志丛书·冉庄镇志》的编纂质量提出更高要求。2017年底，修改稿报送河北省地方志办公室审核。2018年4月下旬，省方志专家提出审稿意见。编辑人员进一步核对史实、完善资料，对志稿的篇目结构和文字内容反复修改。2019年6月，书稿上报中国地方志指导小组办公室。2019年10月，编纂人员根据中国地方志指导小组办公室和方志出版社审稿意见对书稿继续打磨。2020年4月，中共河北省委党史研究室对《中国名镇志丛书·冉庄镇志》中的“红色冉庄”“人物传略”“大事纪略”等内容进行审读把关，并出具审核意见。2020年4月底，书稿交付方志出版社。

《中国名镇志丛书·冉庄镇志》的编纂，得到中国地方志指导小组办公室、方志出版社、中共河北省委党史研究室、河北省档案馆（省方志办）、中共保定市委党史研究室、保定市地方志办公室各位领导和专家的关心、支持和指导，在此深致谢意！

在征集资料、志书编纂过程中，清苑区委办公室，区政府办公室，区委组织部，区委宣传部，区教育和体育局，区交通分局，区民政局，区委保密机要局，区委党校，冉庄镇党委、政府，冉庄地道战纪念馆，荣之旅文化旅游管理有限公司等单位积极提供相关基础资料，提出意见和建议；冉庄抗战时期儿童团团长、现年95岁的冉庄老民兵李恒彪亲历了当年抗击日本侵略军的历史，对书稿编写提出了大量宝贵意见，补充了许多珍贵的资料；原清苑区地道战管委办主任闫大森把自己撰写的有关冉庄地道战文稿提供给编辑人员；原清苑区教育局工会主席曹振甲在冉庄下乡期间搜集了许多有关冉庄的历史史料，编写出版了《冉庄的传说》，将其提供给编辑人员；冉庄村退休教师李新婷热心帮助搜集相关资料、帮助联系冉庄老民兵李恒彪等知情人员，了解核实相关情况，并与冉庄村民关福臣一起多次参与编辑人员组织的座谈会。本书图片由清苑区摄影协会的马振、张锦绘、段颖辉等以及冉庄地道战纪念馆、荣之旅文化旅游管理有限公司提供。对上述单位和个人，一并致谢！

编纂《中国名镇志丛书·冉庄镇志》工程巨大，任务繁重。在编纂过程中，深感各方面知识匮乏，虽几经打磨，仍难尽人意。编写人员力求真实完整，但由于经验不足，文字记述方面难免有许多错、漏、重复的地方，敬请专家和读者批评指正。

编　者

2023年6月

冉庄地道战纪念馆新馆外景（2018 年）

中国名镇志丛书

《周庄镇志》
《第一关镇志》
《钱清镇志》
《冶源镇志》
《甪直镇志》
《同里镇志》
《三阳镇志》
《枫泾镇志》
《李庄镇志》
《天穆镇志》
《虎门镇志》
《小榄镇志》
《北庭镇志》
《青木川镇志》
《永宁镇志》
《沙家浜镇志》
《虞山镇志》
《泽国镇志》
《南翔镇志》
《千灯镇志》
《东山镇志》
《巴城镇志》
《阳澄湖镇志》
《松口镇志》
《震泽镇志》
《黎里镇志》
《浏河镇志》
《锦丰镇志》
《寨市苗族侗族乡志》
《汤池镇志》（安徽）
《湾头镇志》
《中心店镇志》
《乌镇志》
《保安镇志》
《德凤镇志》
《瑷珲镇志》
《王家坪镇志》
《穆云畲族乡志》
《北京街道志》
《王村镇志》
《八一镇志》
《双林镇志》
《棘洪滩街道志》
《凤凰镇志》
《烟店镇志》
《光福镇志》
《梅李镇志》
《高家堡镇志》
《杨岭镇志》
《金港镇志》

《云梯畲族乡志》
《马口镇志》
《杨舍镇志》
《杨店镇志》
《河图镇志》
《浔中镇志》
《孤山镇志》
《汤池镇志》（湖北）
《伍洛镇志》
《汤家汇镇志》
《陇城镇志》
《塘桥镇志》
《兴隆华侨旅游经济区志》
《胜坨镇志》
《来凤街道志》
《木渎镇志》
《锦溪镇志》
《黄龙溪镇志》
《店塔镇志》
《镇湖街道志》
《北七家镇志》
《瓜洲镇志》
《安仁镇志》
《浦口镇志》
《唐崖镇志》
《和顺镇志》
《老城镇志》
《里耶镇志》
《芙蓉镇志》
《博鳌镇志》
《唯亭街道志》
《重安镇志》
《炯炀镇志》
《张谷英镇志》
《鸦滩镇志》
《玉皇庙镇志》
《木洞镇志》
《采育镇志》
《下司镇志》
《德平镇志》
《龙池镇志》
《浦市镇志》
《黄楼街道志》
《冉庄镇志》
《金庭镇志》
《石牌镇志》
《元和街道志》
《古现街道志》
《光塔街道志》
《邵伯镇志》
《石杨镇志》
《杨柳青镇志》
《天桥街道志》
《柘皋镇志》
《西沱镇志》
《咸水沽镇志》
《茶阳镇志》
《崖城镇志》